Arno E. Zintel/
Anton M. Treischl

Das ABC
der Kunden-
bindung

Kostengünstige
Methoden
für die Praxis

W0171740

Lexika Verlag®

Die Deutsche Bibliothek – CIP-Einheitsaufnahme

Zintel, Arno E.:
Das ABC der Kundenbindung: Kostengünstige Methoden für die Praxis/
Arno E. Zintel/Anton M. Treischl. – 1. Aufl. – Würzburg: Lexika Verlag,
Krick Fachmedien, 2000
    ISBN 3-89694-259-X

Lexika Verlag erscheint bei Krick Fachmedien GmbH + Co., Würzburg

© 2000 Krick Fachmedien GmbH + Co., Würzburg
Druck: Schleunungdruck, Marktheidenfeld
Printed in Germany
ISBN 3-89694-259-X

Vorwort

Während meiner mehr als 30-jährigen Berufspraxis in Handel und Industrie hatte ich es stets mit Kunden zu tun. Ich habe die Bedeutung einer guten Kundenbeziehung und deren Konsequenzen für die Kundenbindung und somit für den Erfolg eines Unternehmens tagtäglich erfahren. Das gilt auch für meinen Kollegen Anton M. Treischl, der diese Erfahrungen als Führungskraft einer Bank und als Finanzdienstleister gemacht hat.

Wir haben in dieser Zeit erleben müssen, wie gleichgültig manchmal abfällig Verkaufsmitarbeiter mit Kunden umgegangen sind. Mitarbeiter, die häufig nur ihre Zeit absaßen und sich arbeiten ließen, anstatt zu arbeiten, die der Meinung waren, mit der Abwicklung von Vorgängen ihre Pflicht erfüllt zu haben, und Kunden hierbei als Störfaktoren empfanden. Aber auch Mitarbeiter, die meinten all das tun zu müssen, was Kunden von ihnen wollten, ohne daran zu denken, dass Leistung auch bezahlt werden muss.
Die Bedeutung der Maßnahmen zur Kundenbindung hat sich bis in die heutige Zeit fortgesetzt. Gerade in Zeiten, in denen der Wettbewerb immer härter wird, Produkte immer vergleichbarer werden, bleibt als Differenzierungsmöglichkeit der Service, den wir dem Kunden bieten können.

Mit diesem Buch möchten Herr Treischl und ich dazu beitragen, dass Unternehmen intensiv an der Kundenorientierung arbeiten können. Ändern muss sich dabei aus unserer Erfahrung heraus meist nur die Einstellung zum Kunden und der Umgang mit dem Kunden.

Verstehen Sie das aber bitte nicht falsch: Das darf nicht heißen, dass alles zu geschehen habe, was Kunden wollen, denn dann sind bald die meisten Unternehmen pleite.
Kundenorientierung heißt für uns, dass Sie bei all den von uns beschriebenen Maßnahmen den Umgang mit den Kunden genauso im Auge haben, wie den Profit Ihres Unternehmens. Ihren Mitarbeitern muss dabei klar gemacht werden: Den Profit schaffen Sie nur, wenn sie Kunden achten und in kritischen Situationen richtig mit ihnen umgehen können. In manchen Situationen muss man auch einmal Nein sagen lernen.

Wenn Sie Ihre Kunden zufrieden stellen und langfristig an Ihr Unternehmen binden möchten, dann haben Sie mit dem *ABC der Kundenbindung* einen Ratgeber, der Ihnen in vielen Situationen Anregungen geben und Lösungen aufzeigen kann.

Zum Schluss möchte ich mich noch bei meiner Frau Verena bedanken, die mich immer wieder unterstützt hat, die mir in vielen Diskussionen mit Rat und Tat – auch kritisch – zur Seite stand.

Kreiensen, im März 2000, Arno E. Zintel

Inhaltsverzeichnis

A

Analyse und Umsetzung der Kundenorientierung

Da meldet sich die Telefonistin genervt, weil sie kaum Zeit zum Luft holen hat; da sagt ein Sachbearbeiter, dass er dem Kunden auch nicht weiterhelfen könne; da wird ein Anrufer abgefertigt, weil der direkt angewählte Sachbearbeiter nicht da ist; da klingelt das Telefon unendlich, aber niemand nimmt ab; da gehen Sie abends um 18.30 Uhr in einen Supermarkt, der um 19.00 Uhr schließt und müssen sich noch dafür entschuldigen, dass Sie etwas kaufen wollen, da die Mitarbeiter schon beim Kehren sind ... Jeder von Ihnen kennt sicher ein adäquates Beispiel.

1. Zur Verbesserung der Kundenorientierung Ihrer Mitarbeiter müssen Sie solche **Problemzonen in Ihrem Unternehmen aufspüren und abstellen!**

- Befragen Sie Ihre Kunden (siehe auch Kunden-Befragung), ob und wo diese Problemzonen in Ihrem Hause sehen.
- Suchen Sie alle Schnittstellen, an denen sich in Ihrem Unternehmen Kontakte zwischen Mitarbeitern und Kunden ergeben.
- Notieren Sie zu den jeweiligen Schnittstellen Suchkreise, die Sie überprüfen wollen (z.B. interne und externe Telefonate, Telefonzentrale, Sachbearbeiter, Buchhaltung, Versand, Produktion, Entwicklung, Service ...).
- Legen Sie die Anforderungen fest, die hier zur Verbesserung der Kundenbindung erfüllt werden müssen.
- Legen Sie fest, welche Maßnahmen und Schritte zur Zielerreichung erforderlich sind und setzen Sie diese in Aktivitäten um.

2. Wer nach außen Kundenorientierung betreiben will, **muss auch im Innenverhältnis** dafür sorgen, dass die Kommunikation und die Zusammenarbeit zwischen Chef und Mitarbeitern und unter Kollegen als Kundenbeziehung gesehen wird! Gehen Sie daher folgenden Fragen nach:

- Wie gehen die Mitarbeiter miteinander um?
- Wie werden Anfragen von Kollegen und anderen Abteilungen bearbeitet?

„Wenn der was von mir will, soll er gefälligst warten, bis ich x erledigt habe. Der soll sich nicht so anstellen, bei der Sache ‚Müller‘ musste ich auch drei Tage warten!" sind häufig anzutreffende Äußerungen.

- Wie sieht es mit der Bereitschaft aus, einmal für Kollegen einzuspringen, wenn diese gerade in der Pause, krank oder im Urlaub sind?
- Wird der Telefonhörer abgenommen und der Kundenwunsch entgegengenommen, eine Notiz erstellt, wenn ein persönlicher Rückruf erforderlich wird oder lässt man das Telefon sich „totklingeln"?
- Geht auch der Chef mit gutem Beispiel voran und nimmt den Telefonhörer ab, wenn er an einem Schreibtisch vorbeigeht, an dem es gerade klingelt?
- Werden Mitarbeiter abgekanzelt, wenn ein Fehler unterlaufen ist, oder wird sachlich nach einer Lösung gesucht und eine Vereinbarung getroffen, wie zukünftig solche Fehler vermieden werden können?
- Leben Sie Kundenorientierung gegenüber Ihren Mitarbeitern vor, spüren Sie kollegenfeindliches Verhalten auf und stellen Sie es ab.
- Diskutieren Sie offen mit den Mitarbeitern der betroffenen Abteilungen, wie Sie Problemzonen aufspüren und beheben können.
- Erstellen Sie einen Aktivitätenplan, setzen Sie die vereinbarten Aktionen systematisch nach vorher festgelegten Prioritäten (ABC) um und kalkulieren Sie die anfallenden Kosten (siehe S. 13 f.).
- Verordnen Sie keine Kundenorientierung, wie dies in den Beispielen auf dieser Seite geschehen ist, erarbeiten Sie sie gemeinsam mit Ihren Mitarbeitern!

3. **Binden Sie die betroffenen Mitarbeiter** für eine erfolgreiche Umsetzung Ihrer Ziele mit ein!

4. **Sorgen Sie dafür, dass die betroffenen Mitarbeiter Ihre Anforderungen auch umsetzen können.** Kümmern Sie sich persönlich um Probleme, die bei der Umsetzung auftreten! Erkennen Sie Erfolge an.

⊗ Beispiele

Da verkündet die Unternehmensleitung den Mitarbeitern voller Stolz und mit viel Aufwand die neuen Service-Leitlinien, die man im stillen Kämmerlein erarbeitet hat. Ganz empört ist man über die Reaktion der Mitarbeiter: „Wir haben im Moment andere Sorgen."

Auch die Beraterempfehlung an den Verantwortlichen, mit den Führungskräften zu sprechen und mit ihnen gemeinsam die Strategie zur Umsetzung zu planen oder, wenn die Zeit dafür nicht ausreicht, wenigstens die Führungskräfte zu trainieren, wie sie die Umsetzung mit ihren Mitarbeitern sichern können, wird in den Wind geschlagen. „Von meinen Führungskräften erwarte ich, dass sie die Interessen der Unternehmensleitung selbstständig umsetzen!", ist die Einstellung vieler Verantwortlicher.

Als sich bei der Kundenbefragung im darauffolgenden Jahr noch keine Verbesserung ergeben hat, soll ein externer Trainer den Mitarbeitern den Servicegedanken nahebringen.

> Die Veranstaltungen machen den Mitarbeitern zwar viel Spaß, doch die Umsetzung läuft trotz der danach eingeleiteten Workshops sehr zäh. Ganz davon abgesehen hat man über zwei Jahre Zeit verloren.

A

Wenn ein Thema einmal festgefahren ist, dann ist es meist schwer und teuer, den „Karren wieder aus dem Dreck zu ziehen". Wenn Mitarbeiter erst einmal negativ reagiert haben, bedarf es eines mehrfachen Krafteinsatzes, um das Ziel doch noch zu erreichen. Oft genügt aber auch das nicht mehr!

5. Sparen Sie bei der Umsetzung der Maßnahmen zur Kundenorientierung nicht am falschen Ende, **informieren Sie sich vor der Durchführung einer solchen Maßnahme über Schwierigkeiten und mögliche Lösungswege.** Das kann ein Fachbuch sein, ein Seminarbesuch oder ein Expertenrat.

In der Praxis setzen wir bei der Analyse Tabellen ein, da sie uns alle angesprochenen Punkte übersichtlich und entscheidungsreif darstellen. Die jeweiligen Schritte werden priorisiert (ABC) und mit Terminen zur Umsetzung versehen. Auch bei den erforderlichen Maßnahmen bedienen wir uns der leichteren Übersichtlichkeit wegen der Tabellenform.
Der Aktivitätenplan wird nach der Verabschiedung der Maßnahmen durch die Geschäftsleitung von den jeweiligen Abteilungen erstellt. Die kalkulierten Kosten müssen sich innerhalb des bewilligten Budgets bewegen.

Auf den nächsten Seiten finden Sie Auszüge derartiger Praxis-Tabellen:

Kunden-Befragung

• **Neukunden**
Warum entscheiden sich Kunden für unsere Produkte oder Dienstleistungen und unser Unternehmen?
Wie hoch ist die Zufriedenheit mit der Beratung?
Warum sind andere Unternehmen ausgeschieden?

• **Kunden**
Wie wird unsere Betreuung nach der Leistungserbringung bewertet?
Wo gibt es Verbesserungsvorschläge?
Welche Serviceleistung wäre besonders wichtig/hilfreich?
Wo hat es schon Gründe zur Beanstandung gegeben?
Welche Lösung erwartet der Kunde?   →

Mitarbeiter-Befragung

Wie schätzen Sie Ihre Servicequalität ein?
Wie könnte man eine noch höhere Kundenbindung erreichen?
Welche Unterstützung wäre wichtig, um mehr Kundenorientierung zu erreichen?
Wo müßte sich im innerbetrieblichen Bereich etwas verbessern?

Schnittstellen zum Kunden

Korrespondenz	Telefonate	Organisation
• alle Abteilungen (siehe auch Aktivitätenplan)	• interne und externe Telefonate • Telefonzentrale • Sachbearbeitung • Buchhaltung • Versand	• Durchlaufzeiten • Erreichbarkeit • Entscheidungfähigkeit • Problemlösungen • Antwortzeiten
Technik	**Interne Kommunikation**	**Externe Kommunikation**
• Mit welcher Technologie ließe sich unsere Kundenbindung und -kommunikation verbessern? (z.B. PC-Textsysteme mit guten Korrespondenzbeispielen, Internetdarstellung mit direkter Responsemöglichkeit)	• Wie gehen die Mitarbeiter miteinander um? • Wie sieht die Informationspolitik i. H. aus?	• Wie sprechen Mitarbeiter außer Haus über unser Unternehmen? • Wie stehen sie zu unserem Unternehmen? • Wie gehen sie mit unseren Kunden um?

Wege zur erfolgreichen Umsetzung

Mitarbeiterziele vereinbaren	Motivationsmöglichkeiten suchen	Mitarbeiterbetreuung sichern	Mitarbeiterbeurteilung und -honorierung
• Richtlinien, Maßnahmen und Wege vereinbaren, die für den Erfolg von Kundenbindungsmaßnahmen entscheidend sind	• Anreizsysteme • Leistungsentwicklung beurteilen • besondere Leistungen anerkennen • Verbesserungsvorschläge anerkennen und umsetzen • Stärken der Mitarbeiter betonen	• Mitarbeiter systematisch betreuen und bei der Umsetzung am Arbeitsplatz (Coaching) unterstützen • Mitarbeiter schulen	• Fortschritte, gemessen an den vereinbarten Zielen mit entsprechender Kopplung an finanzielle Anreize bewerten

Ziel- und Maßnahmenplanung/-kontrolle

Verantwortlich für die Durchführung der Gesamtmaßnahme:

Herr Kranenfuß

Ist-/Problemdefinition

Texte werden über Bausteine individuell erstellt. Die Qualität der Kundenorientierung hängt stark von der Leistungsfähigkeit des Sachbearbeiters ab. Häufig wird die Arbeit nur sachlich „abgewickelt", ohne die menschlichen Aspekte zu beachten. Das gilt für die gesamte Korrespondenz, insbesondere für Reklamations- und Mahnschreiben

Start: 15.3.2000   **Ende:** 19.6.2001

A [ ] B [X] C [ ]

Zieldefinition

Schreiben müssen kundenfreundlicher formuliert werden, auch bei Reklamationen und Mahnschreiben. Dabei müssen die gesteckten Ziele des Unternehmens berücksichtigt werden.

Teilziele	Endtermin	Maßnahmen	Beteiligte Stellen	Durchführungstermine		Veranschlagte Kosten in DM	erledigt
				Start	Ende		
1. Erlernen kundenfreundlicher Formulierungen	15.9.2000	1.1 Sammeln von Textbausteinen und individuellen Kundenbriefen; Bewerten nach Zielerreichung und Kundenfreundlichkeit	Alle Abteilungen, in denen Korrespondenz zu bewältigen ist.	15.3.2000	15.5.2000	30 h/ à 70, 2.100	

A

↑

Teilziele	End-termin	Maßnahmen	Beteiligte Stellen	Durchführungstermine Start	Ende	Veranschlagte Kosten in DM		erledigt
		1.2 Auswahl eines Trainingsinstituts, das die Briefe auswertet und ein Angebot zur Seminardurchführung mit folgenden Zielen erstellen soll:	Die Abteilungen sind individuell und an deren konkreten Korrespondenzanforderungen zu schulen.	30.3.2000	30.5.2000	20 h/ à 200	4.000	
		• Motivation der Mitarbeiter zur Kundenorientierung						
		• Vermitteln der erforderlichen Verhaltenstrategien						
		• Aufzeigen kundenorientierter Korrespondenz, auch in schwierigen Situationen						
		• Erarbeiten von Textbeispielen für die jeweiligen Textsysteme						
		• Verfassen individueller Schreiben						
		• Durchführung der Trainingsmaßnahmen		1.9.2000	31.01.2001	20 Seminare à 2 Tage	80.000	
		• Begleitung der Mitarbeiter bei der täglichen Arbeit à – Tag		15.10.2000	15.03.2001	200 Mitarbeiter à Tag	200.000	
		• Erfolgskontrolle durch Aufbau von Testkunden		1.9.2000	15.12.2000	3 Testkunden	12.000	
		• Kundenbefragung, Auswertung und Maßnahmenkatalog		1.3.2001	19.06.2001		25.000	

Empfehlungen

A

Geeignet für: Unabdingbar für jedes Unternehmen.
Gerade der Analyse der Ist-Situation gilt es im ersten Schritt große Aufmerksamkeit zu schenken, ehe es im zweiten Schritt an konkrete und messbare Maßnahmen gehen kann.

Zeitrahmen: Sechs bis neun Monate Vorlaufzeit für Analyse und Befragung.
Für die Umsetzung sollte ein Zeitbereich von ein bis zwei Jahren gerechnet werden, da vor allen Dingen Schulungsmaßnahmen auch budgetmäßig verkraftet werden müssen.

Kosten: Vorlauf mit eigenen Mitarbeitern durchführbar.
Das gilt auch für eine schriftlich oder telefonisch durchzuführende → *Kunden-Befragung*. Daher genügt es, die entsprechenden Personalkosten anzusetzen.
Beim Einbinden eines externen Beraters sind mindestens 15 bis 20 Honorartage anzusetzen.

Grundregeln: Wecken Sie die Bereitschaft für die Notwendigkeit bei den Mitarbeitern.
Lernen Sie die Anforderungen der Kunden kennen.
Definieren Sie die Ziele der organisatorischen und verhaltensmäßigen Änderungen samt Zeitrahmen und vereinbaren Sie diese mit den betroffenen Mitarbeitern.
Holen Sie ständig das Feedback der Kunden ein (evtl. über einen Kundenbeirat).

Angebotswesen

Jeder Einkäufer holt mehrere Angebote ein und vergleicht diese miteinander. Und obwohl mit dem Verkäufer ein langes und oft auch noch angenehmes Beratungsgespräch geführt wurde, erhält der Einkäufer oft nur ein Standardangebot:

 **Beispiel**

Angebot Nr. 22222

Sehr geehrter Herr Müller,
wunschgemäß erhalten Sie nachstehendes Angebot: ...
Mit freundlichen Grüßen

Wo ist der persönliche Bezug zu Ihrem Gespräch geblieben? Sie als Kunde haben über bestimmte Anforderungen und Erwartungen gesprochen, empfanden bestimmte Leistungen als besonders wichtig, aber nichts davon steht nun im Angebot.

Angebote vermitteln durch ihre Gestaltung und Formulierung Ihre Einstellung zum Kunden und können durch gekonnte Formulierungen zum Erfolg beitragen. Holen Sie den positiven Verlauf in Ihr Schreiben, lassen Sie den Kunden nochmals das positive Klima nachempfinden, in dem das Gespräch abgelaufen ist. Eine erfolgreiche Kundenbindung setzt eine persönliche Kommunikations- und Schreibweise voraus.

Gerade das Persönliche zwischen zwei Menschen macht eine gute Kundenbeziehung aus. Geschäfte werden schließlich nicht zwischen Unternehmen, sondern zwischen Menschen gemacht!

Beispiel

Ich erinnere mich noch an meine erste Tätigkeit nach dem Studium. Für meinen Chef war es eine Revolution, dass einer seiner Mitarbeiter in Briefen „Ich bedanke mich für ..." geschrieben hat, denn einen Brief sollte man nicht mit „ich" beginnen. Neu war auch die Tatsache, dass ich dem Kunden angeboten hatte, mich bei Fragen persönlich anzusprechen.

Das ist schon lange her und heute erwarten Kunden, dass sie sich an einen persönlichen und kompetenten Ansprechpartner wenden können. Das muss auch in Ihrem Brief und Briefstil erkennbar sein. Schon so einfache Hinweise wie Ihr Name und Ihre Durchwahl im Briefkopf schaffen ein positives Vertrauensverhältnis beim Kunden und sollten längst selbstverständlich sein, sind es aber immer noch nicht.

Die Form des nachstehenden Briefanfangs ist sicherlich korrekt, aber sehr nüchtern.

> **(X) Beispiel**
>
> Bestellung vom ... über ...
>
> Sehr geehrter Herr Kunde,
>
> wir können Ihnen heute mitteilen, dass der gewünschte Liefertermin 15.9.2000 eingehalten werden kann.

Schreiben Sie aktiver, schaffen Sie Gemeinsamkeiten und gestalten Sie Ihren Text schon durch eine individuellere Bezugszeile persönlicher:

> **(X) Beispiel**
>
> **Ihre** Lieferanfrage und Bestellung .../
> **Unser** Telefonat von heute
>
> Sehr geehrter Herr Kunde,
>
> Ihr Wunschtermin klappt, die Produktionsleitung hat mir bestätigt, dass wir die Ware am 15.9.2000 an Sie ausliefern.

Auch im eigentlichen Text setzt sich dieses individuelle Eingehen auf den Partner fort.

Bringen Sie Spontaneität und Aktivität in Ihre Formulierungen: „Ihr Wunschtermin klappt, ...", das klingt doch schon erheblich angenehmer, als „Wir können Ihnen heute mitteilen, ...".

Für die Leselust des Empfängers spielt der Briefumfang eine entscheidende Rolle. Untersuchungen zeigen, dass Anschreiben möglichst nicht länger als eine Seite sein sollten, Absätze nicht länger als sechs Zeilen und Abschnitte durch eine Leerzeile zu trennen sind, damit der Lesefluss nicht gestoppt wird.

Hier die Elemente, die Ihr Angebot umfassen sollte:

1. Anschreiben
2. Inhaltsübersicht (bei größerem Umfang)
3. Angebotsteil mit Problemstellung, Aufgabenstellung oder Nutzen (siehe nachfolgende Beispiele)
4. Konditionen
5. Referenzen

Jeder dieser Angebotsteile sollte eine eigene organisatorische Einheit darstellen, leicht aufzufinden und zu lesen sein. Zeigen Sie Ihrem Kunden im Angebotsteil zusätzlich noch Ihre besondere Leistung auf, auch wenn Sie diese bei der Angebotserarbeitung schon mit Ihrem Kunden besprochen haben sollten.

⊗ Beispiele hierfür sind:

Installation von M-Exchange
Zur Sicherung der Netzwerktauglichkeit von ...
oder
Wo und wie können Sie bei der Edelstahl-Sanitärzelle sparen?
Reduzierung des Reinigungsaufwands um 20.000 DM/Jahr,
Komplettinstallation samt Planung, Ausschreibung und Bauaufsicht sind im Preis enthalten.

Sinnvoll ist auf jeden Fall eine gute Organisation des Angebotswesens über Textbausteine und Serienbriefe im PC, so dass Sie gezielt und zeitsparend auf bestimmte Bausteine zurückgreifen können.

Empfehlungen

Geeignet für: Alle Unternehmen, die Ihre Angebote ganz individuell auf den Kunden erstellen möchten.

Zeitrahmen: drei bis vier Monate für die Angebotsanalyse und das Erstellen entsprechender Textbausteine.
Nochmals ein bis zwei Monate sind für die Umsetzung in der EDV und das Erstellen der entsprechenden Angebotsmappen (Gestaltung der Deckseiten mit Firmenlogo) nötig.

Kosten: Personalkosten für die Analyse und Textgestaltung samt Erstellen der Dokumente in der EDV/Kosten für Gestaltung und Druck der Deckseiten mit Firmenlogo (ohne grafische Arbeit), je nach Qualität 0,30 DM bis 1,50 DM/Kosten für grafische Gestaltung der Deckseiten (zwischen 300 DM bis 1.000 DM).
Beim Einbinden eines externen Beraters sind mindestens vier bis fünf Honorartage anzusetzen.

Grundregeln: Sie sollten die Anforderungen der Kunden an Ihre Angebote genau kennen.
Unterziehen Sie im Mitarbeiterteam die Struktur, die Inhalte und Texte einer entsprechenden Überprüfung.
Stimmen Sie die Struktur und Inhalte mit dem Außendienst ab.
Überprüfen Sie auf jeden Fall den Erfolg.

Aufbau eines Kundenbindungssystems

A

In vielen Unternehmen haben einzelne Mitarbeiter schon ein ausgeklügeltes Kundenbidungs-system für ihren Bereich aufgebaut, andere führen nur sporadisch Aktionen, wie z.B. Geburtstagsgrüße durch.
Was aber, wenn diese Mitarbeiter ausfallen? Wieviel effektiver könnte Kundenbindung sein, wenn alle Mitarbeiter dieses ausgeklügelte System nutzen?

Die besten Ideen und Aktionen sollten daher für das gesamte Unternehmen zugänglich und nutzbar gemacht werden.

Voraussetzung dafür – vor allen Dingen bei größeren Kundenbeständen – ist ein gut aufgebautes Datenbanksystem *(→ Datenbanken)*, das individuelle Auswahlkriterien zulässt und eine sichere Verfolgung und Durchführung neuer und immer wiederkehrender Anlässe garantiert.

Um bei der Vielzahl der Einzelmaßnahmen den Überblick zu behalten, empfiehlt es sich, Anlässe und Termine zentral zu erfassen und zu bündeln, also ein Kundenbindungssystem aufzubauen.

Um die Maßnahmen kontrollieren zu können, sollten Sie für alle Aktionen festlegen, wie lange und bei welchen Anlässen sie stattfinden sollen.

✓ Folgende Vorgehensweise empfiehlt sich hier:

1. Bestimmen Sie einen Koordinator, bei dem die Fäden für alle Aktivitäten zusammenlaufen und der die Verantwortung für die Termineinhaltung und Überwachung der Durchführung hat.
2. Überprüfen Sie Ihr Datenbanksystem *(→ Datenbanken)*, ob es die gewünschten Auswahlkriterien enthält.
3. Listen Sie alle Aktionen auf, die Sie bisher bereits durchführen.
4. Erstellen Sie sich eine Übersicht über den Anlass solcher Aktionen *(→ Kunden-Betreuung)*.
5. Erstellen Sie sich eine weitere Übersicht über die Aktionen für bestimmte Zielgruppen.
6. Beschreiben Sie für jeden Anlass konkrete Maßnahmen und Termine.
7. Dokumentieren Sie die einzelnen Schritte der Aktion so, dass sie für jedermann nachvollziehbar sind. Außerdem ist die Frage zu klären, wer welche Aktivitäten veranlasst, wie die Datenbestände zu sortieren sind, wo die Vorlagen im Textsystem gespeichert sind, wie viele Wochen im Voraus die Materialien bereitgestellt bzw. bestellt werden müssen, usw.

→

8. Sichern Sie die Durchführung durch Terminplan oder automatische Durchführung per EDV (z.B. Geburtstagsgrüße) und informieren Sie die betroffenen Mitarbeiter (Innendienst/Verkauf).

9. Verbinden Sie diesen Terminplan mit Aufgaben für die jeweiligen Abteilungen/Positionen oder Personen.

10. Ergänzen Sie systematisch alle neuen Aktivitäten.

11. Überprüfen Sie mindestens einmal pro Jahr, ob die durchgeführten Aktivitäten überhaupt oder in der Form noch sinnvoll oder zeitgemäß sind.

12. Schaffen Sie sich eine optische Übersicht über alle Maßnahmen und die damit verbundenen Schritte und verbinden Sie diese mit einer Zeitachse, innerhalb der die Schritte ablaufen sollen (siehe nachfolgendes Beispiel Kundeninformation).

13. Erfassen Sie handbuchmäßig die jeweiligen Schritte, damit sie jederzeit wiederholbar sind und ohne großen Aufwand durchgeführt werden können.

Beispiel: Kundeninformation

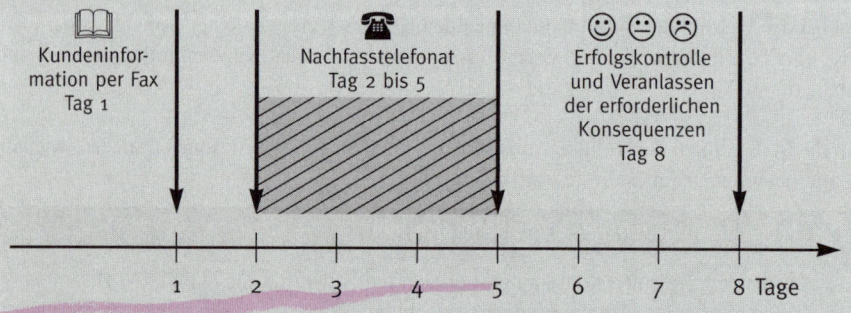

⊗ Dokumentation regelmäßig erscheinender Kundeninformationen

Häufigkeit/Erscheinen: viermal pro Jahr (Februar, Mai, August, November)

Themen:	Neue Produkte/Technologien
	Für Sie gelesen
	Tests/Ergebnisse
	Veränderungen im Hause
	Erfahrungen anderer Kunden
	Erfolgstipps
Termine:	Redaktionssitzung 15.01./04./07./10.
	Grafische Gestaltung 28.01./04./07./10.

Faxaktion 31.01./04./07./10.
Telefonische Nachfassaktion
01.02. bis 05.02.
01.05. bis 05.05.
01.08. bis 05.08.
01.11. bis 05.11.
Auswertung 08.02./05./08./11.

A

Beteiligte Stellen: Entwicklung
Verkaufsleitung
Marketing
Kundendienstleitung
Schulungsleitung

Empfehlungen

Geeignet für: Die zentrale Steuerung der Kundenbindungsmaßnahmen ist ein notwendiges Instrumentarium, um die Permanenz der Maßnahmen auch dann zu garantieren, wenn Mitarbeiter ausscheiden, und um eine Über- bzw. Unterbetreuung zu vermeiden. Sie ist notwendige Voraussetzung für ein Erfolgscontrolling Ihrer Kundenbindungsmaßnahmen.

Zeitrahmen: Bis alle Maßnahmen gebündelt und dokumentiert sind, vergeht erfahrungsgemäß ein halbes Jahr. Das Kundenbindungssystem ist dann eine ständige Einrichtung des Marketing mit eigenem Budget und unterliegt dem Erfolgscontrolling.

Kosten: Für das Bündeln der Maßnahmen entstehen zunächst nur die Mitarbeiterkosten, die im entsprechenden Team mitarbeiten. Die weiterführenden Aktivitäten sind kostenneutral, da es sich lediglich um eine Umorganisation handelt. Die möglichen Kosteneinsparungen durch das Vermeiden von Doppelarbeit werden meist wieder aufgehoben durch Intensivierung und Ausweitung der Maßnahmen auf weitere Zielpersonen.

Grundregeln: Befragen Sie alle Mitarbeiter mit Kundenkontakt über ihre individuellen Aktivitäten.
Tragen Sie die entsprechenden Maßnahmen zusammen und überprüfen Sie diese in ihrer Effizienz.
Ordnen Sie diese den Unternehmenszielen und den Kundenbindungsmaßnahmen zu und steuern diese zukünftig zentral.

Außendienst (AD)

Der Außendienst ist das klassischste, aber auch das kostenintensivste Mittel der Kundenbindung. Je beratungsintensiver Produkte und Dienstleistungen sind und je mehr die Kompetenz des Verkäufers und seine Argumentationsfähigkeit Einfluss auf die Kaufentscheidung haben, desto sinnvoller wird ein Außendienst.

Aus Gründen der Konkurrenz- und Wettbewerbsfähigkeit empfiehlt sich auf jeden Fall eine Überprüfung (→ *Controlling*) der Kosten-/Nutzensituation. Diese Überprüfung der Kosten-/Nutzenfrage gilt es auch für den Technischen Außen- oder Kundendienst (TKD) zu überlegen.

Da ein Außendienst hohe Kosten verursacht, kann unter Kosten-/Nutzengesichtspunkten überlegt werden, ob lediglich Schlüsselkunden (→ *Kunden-Wert*) noch vor Ort betreut werden. Die kleineren Kunden würden dann durch den Innendienst, Telefon-Aktionen (durch den Innen- und/oder Außendienst) und auf Messen betreut. Beim Technischen AD können Kostenersparnisse erzielt werden, indem Servicepartner hinzugezogen werden. Bei dem momentanen Preiskampf um Märkte kann durch die Kosteneinsparung ein erheblicher Wettbewerbsvorteil erreicht werden. (→ *Depot einrichten*)

✓ Klären Sie für Ihre Entscheidung die folgenden Fragen:

1. Welche Ziele und Ergebnisse möchten Sie durch den Einsatz des AD/TKD erreichen? Auch qualitative Ziele wie
- Intensität der Beratung/des TKD,
- Vermittlung der Firmenphilosophie,
- Argumentationsinhalte und
- Kundenzufriedenheit sollten Sie nicht vergessen.

2. Sind diese Ziele auch auf anderem Wege zu erreichen?
- über Innendienst
- über Depots bei Kunden
- über Vertragshändler
- über Call Center
- über Servicepartner
Wenn Ja, würden auch die qualitativen Ziele erreicht werden?

3. Gäbe es auf Grund der Ergebnisse aus 1. und 2. sinnvolle Kombinationsmöglichkeiten, mit denen Sie eine noch bessere Kundenbindung, -orientierung und Marktausschöpfung erreichen könnten?

Beispiel

Die beiden nachstehenden Beispiele sollen Ihnen aufzeigen, welche unterschiedlichen Wege zum Erfolg es mit oder ohne AD geben kann:

Ein Unternehmen hat die Ergebnisse seines Außendienstes intensiv analysiert und sich die Frage gestellt, ob es zur Erreichung dieses Ergebnisses unbedingt eines Außendienstes bedarf.

Im ersten Schritt wurde versucht, das Ergebnis des Außendienstes durch Erhöhung der Kundenkontakte und unter Berücksichtigung einer ABC-Kundenanalyse zu steigern. Das gelang, aber nicht in der erwarteten Höhe und zu Lasten der Kosten.

Im zweiten Schritt wurde ein Call Center aufgebaut, das Kunden-Betreuungsarbeiten übernahm, um den Außendienst von Routinebesuchen zu entlasten. Der Außendienst sollte sich auf die Neukundengewinnung und Intensivierung der A-Kunden konzentrieren.

Als man feststellte, dass sich die Ergebnisse der Call-Center-Betreuung überdurchschnittlich gut entwickelt hatten, wagte die Geschäftsleitung den nächsten Schritt: Austausch des gesamten Außendienstes durch ein Innendienst-Verkaufsteam, das Kunden nur bei besonderen Anlässen, Jahresgesprächen und viermal jährlich durch regionale Roadshows und in Sonderfällen auch vor Ort betreut. Ein gewagter Schritt, mögen Sie sagen, aber erfolgreich, wie die Praxis gezeigt hat.

Natürlich sollen Sie nicht gleich zu solch radikalen Veränderungen greifen, denn dass es auch anders gehen kann, zeigt das Beispiel aus der Lebensmittelindustrie:

Während alle Mitbewerber auf Grund der Konzentration im Lebensmittelhandel die Kundenberater bis auf wenige Key-Accounter nach und nach abgebaut haben, hat man hier den Außendienst zwar reduziert, aber weiterhin Kundenberater eingesetzt. Die Strategie hat sich als erfolgreich erwiesen, denn fast unbemerkt ist dieses Unternehmen einige Ränge in der Bestenliste nach oben gerutscht. Die Folge: Viele Wettbewerber haben jetzt wieder begonnen, Kundenberater einzusetzen.

Handeln Sie also nur, wenn Sie sich ein klares Bild über die Ziele Ihres Außendienstes und Ihr Vermarktungs-, Service- und Kundendienstkonzept gemacht haben.

Wenn Sie sich für einen Außendienst entschieden haben, dann ist er auch das am besten geeignete Medium der Kundenbindung in Ihrem Unternehmen. Durch den persönlichen Kontakt, die Präsenz vor Ort, die Information von Mensch zu Mensch, die persönliche Bindung zu einem ansonsten anonymen Unternehmen ist der Erfolg in der Kundenbindung kaum zu übertreffen. Das gilt sowohl für den Verkaufs- als auch für den technischen Außen- oder Kundendienst.

Fähigkeiten, über die Ihr Außendienst verfügen sollte:

- Aufbau einer intensiven Beziehung zu den Entscheidern und Anwendern des Kundenunternehmens
  (→ *Beziehungsmanagement*)
- Unterstützung bei der Suche nach Lösungen für technische Problemstellungen
- Erläuterung der Vorgehensweisen (z.B. bei der Fehlerbehebung)
- Unterstützung beim Einsatz neuer Produkte
- Mitwirken beim Aufbau oder der Entwicklung neuer Produkte
- Unterbreitung von Vorschlägen zur Zeit- und Arbeitsersparnis bei der Produktion
- Information über Neuentwicklungen und Sondierung der Zukunftschancen

Außendienstmitarbeiter müssen besonders trainiert werden, damit sie den Anforderungen der Kundenbindung entsprechen. Hier dürfen Sie nichts dem Zufall überlassen. Ein Fehler ist hier, wenn überhaupt noch, nur schwer und langfristig auszubügeln, wie das folgende Beispiel zeigt:

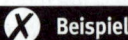 **Beispiel**

Ein „Wie haben Sie das denn angestellt?" eines Servicetechnikers kostete ein Unternehmen in der EDV-Branche den Kunden, der mehrere 100.000 DM Umsatz gemacht hatte. Besonders schlimm war, dass der Servicetechniker dies ohne genauere Prüfung und genau bei der Sekretärin des Geschäftsführers gesagt hatte.

Um solche Pannen zu vermeiden, sollten Sie mit Ihren Mitarbeitern klare Vertriebs- und Servicerichtlinien erarbeiten, für die Sie Verhaltensregeln aufstellen; diese sollten anschließend in Workshops und Seminaren umgesetzt werden.

Solche Servicerichtlinien können zum Beispiel lauten:

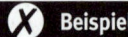 **Beispiel**

Wir behandeln auch reklamierende Kunden zuvorkommend. Wir streichen dazu Formulierungen wie „Das kann nicht sein" aus unserem Wortschatz. Wir bedanken uns für die Information, wo es angebracht ist: „Vielen Dank, dass Sie uns gleich informiert haben", entschuldigen uns, wenn es sich um einen Fehler unseres Hauses handelt: „Bitte entschuldigen Sie ...", wälzen Fehler nicht auf andere ab: „Das habe ich aber nicht verbrochen", sondern erkennen, dass wir ein Unternehmen vertreten, von dem der Kunde spontane Hilfe erwartet, egal, wem der Fehler unterlaufen ist: „Ich kümmere mich sofort darum/kläre sofort/schicke Ihnen sofort den Techniker."

Schaffen Sie auf diese Art und Weise auch Richtlinien für Ihren Verkaufsaußendienst:

A

1. Vorbereitung von Gesprächen
   * Mit der Verkaufsleitung den Entwicklungsstand des Kunden besprechen
   * Gemeinsam Vorschläge für das Gespräch mit den Kunden diskutieren und verabschieden
   * Ständige Feedbackgespräche über den Stand der Verkaufstätigkeit führen
   * Sich ständig informieren und zur Weiterbildung bereit sein

2. Unternehmensziele in Aktivitäten umsetzen durch Ziel- und Maßnahmenplanung
   * ABC-Kundenanalyse (nicht Umsatz, sondern Potentialmöglichkeiten sind entscheidend)
   * Potentialgesteuerte Kundenbindungs- und -betreuungsprogramme (→ *Analyse und Umsetzung der Kundenorientierung*, → *Aufbau eines Kundenbindungssystems*) aufbauen und umsetzen
   * Gezielter Gesprächsaufbau (Struktur, Argumente, Firmenphilosophie)
   * Unterstützung von Kunden bei der Entwicklung neuer Projekte
   * Anregungen für neue Produkte und Lösungen geben
   * Bilden von Erfolgsteams, in denen sich die Verkäufer gegenseitig bei ihrer Arbeit mit Rat und Tat unterstützen

Immer wieder gibt es Kundenbeschwerden über den Service und den Technischen Außendienst. Achten Sie besonders bei Schulungen dieser Zielgruppe auf das Training der zuvorkommenden Kundenbehandlung in schwierigen Situationen (→ *Schulungen*):

* Wie gehe ich auf Kunden zu?
* Wie reagiere ich auf nörgelnde Kunden?
* Wie verhalte ich mich bei aggressiven Kunden?
* Wie gehe ich mit unberechtigten Vorwürfen um?
* Wie erkläre ich dem Kunden richtig, dass eine neue Lösung/ein Ersatz eines bestehenden Produkts erfolgen muss?
* Wie vermittle ich richtig, dass ein Bedienungsfehler vorlag?
* Wie finde ich am schnellsten Fehler und behebe Sie?

Binden Sie diese Vorgehensweisen in die Zielvereinbarungen mit Ihren Mitarbeitern ein und honorieren Sie Erfolge in der Kundenbindung, damit Ihre Mitarbeiter sich der Bedeutung in jeder Richtung bewusst werden!

Empfehlungen

Geeignet für: Alle Unternehmen, für die der persönliche Kontakt zum Kunden und vor Ort unabdingbar erforderlich ist.
Dies gilt sowohl für den Verkaufs- als auch für den Technischen Außendienst.

Zeitrahmen: Vier bis sechs Monate einschließlich Rekrutierung und Ausbildung (fachlich und verhaltensmäßig.
Dann ist eine Außendienstmannschaft einsatzbereit.

Kosten: Die Kosten schwanken von Branche zu Branche ganz erheblich.
Das gilt sowohl für Handelsvertreter, die nur umsatzabhängig honoriert werden, als auch für festangestellte Verkäufer. 10 Prozent des Umsatzes sollten allerdings für die meisten Branchen die Kostenobergrenze sein.

Grundregeln: Stellen Sie die Notwendigkeit eines Kundenbesuchs vor Ort fest.
Legen Sie die Anforderungen an Ihre Mitarbeiter fest.
Schulen Sie die Mitarbeiter fachlich und verhaltensmäßig.
Kunden-Wert und Kunden-Klassifizierung sind die Basis für die erfolgsorientierte Steuerung.
Führen Sie ständiges Erfolgscontrolling durch.
Stimmen Sie das Informations- und Berichtswesen gut ab.
Führen Sie zielorientiert.

B

Bestandskundenpflege

 Beispiel

Seit Jahren sendet ein PC-Zulieferer Herrn Müller von der Entwicklungsabteilung Informationen über neue Produkte und Preise. In regelmäßigen Abständen erfolgen Bestellungen. Eines Tages wechselt Herr Müller in ein Tochterunternehmen innerhalb des Konzerns. Die eingehende Post wird automatisch an ihn weitergeleitet und man erhält von dort auch Bestellungen. Man freut sich natürlich über den neuen Kunden, nur die bisherige Abteilung wird nicht mehr mit Informationen versorgt. Bestellungen vom bisherigen Unternehmen bleiben aus. Erst nach zwei Jahren stellt man durch eine Telefonaktion bei nicht kaufenden Kunden dieses Versäumnis fest. Der Nachfolger hatte sich zwischenzeitlich schon für die Zusammenarbeit mit einem anderen Unternehmen entschieden.

Unternehmen unterliegen ständigen Veränderungen. Bei den zahlreichen Telefonaten, die ich mit meinen Kunden und Interessenten führe, höre ich immer wieder „wir sind gerade mitten in der Umstrukturierung" oder „der bisherige Stelleninhaber hat einen Nachfolger". Unternehmen müssen sich auf Grund der Wettbewerbssituation immer mehr den Herausforderungen des kosten- und qualitätsbewußteren Einkaufsverhaltens stellen. Das bringt häufig gravierende Änderungen mit sich. Sei es bei der Produktentwicklung, der Produktion, der Vertriebspolitik oder im Einkauf. In jeder der betroffenen Abteilungen kann die neue Ausrichtung eine Änderung im Verhalten gegenüber Kunden und Lieferanten und auch bei den Ansprechpartnern im Hause bedeuten.

Für uns heißt das, stets auf dem laufenden Stand der Dinge zu sein. Maßnahmen zur Bestandskundenpflege müssen sich heute mehr denn je an diesen Veränderungen orientieren und sollten daher zumindest einmal jährlich durchgeführt werden.

Darüber hinaus ist aber auch Ihr Wissen über Anforderungen und Erwartungen Ihrer Kunden entscheidend für die Aktivitäten Ihres Unternehmens und somit für den Erfolg Ihrer Marketingmaßnahmen.

 Beispiel

Ein Versicherungsverkäufer staunt beim Besuch eines langjährigen Kunden nicht schlecht, als er erfährt, dass dieser vor wenigen Wochen eine Kapitalversicherung für seine Tochter abgeschlossen hat. Seine Kundendatei enthielt keinen Hinweis auf weitere Familienmitglieder und so hatte dieser Kunde auch keine entsprechende Betreuung erfahren.

Prüfen Sie anhand der nachstehenden Fragen, ob Sie hier noch Handlungsbedarf haben!

✓ Checkliste

Kundenbindung

☐ Kennen Sie die konkreten Ziele, die Ihr Kunde mit Ihren Produkten oder Dienstleistungen erreichen will?

☐ Wissen Sie, in welche Richtung sich die Zusammenarbeit in den nächsten 2 bis 3 Jahren entwickeln soll?
    ☐ technisch
    ☐ mengenmäßig

☐ Sind Sie in die Neuentwicklung von Produkten oder Dienstleistungen bei diesen Kunden mit einbezogen?

☐ Haben Sie die richtigen Aktivitäten geplant, um den Kunden bei seinen Zielen zu unterstützen?

☐ Ist Ihre Planung und Datenerfassung auf die Anforderungen der Bestandskunden abgestimmt?

Kundenpflege

☐ Haben Sie sich informiert, wie Sie den Kunden in seinen Zielen unterstützen können?

☐ Ist sichergestellt, dass mindestens einmal jährlich der EDV-Bestand aktualisiert wird und Änderungen bei den Kundendaten mit Datum der Änderung erfasst werden?

☐ Ist sichergestellt, dass alle Abteilungen und der Außendienst diese Informationen auch erhalten?

☐ Haben Sie die für Ihre Kunden wichtigen Termine notiert, an denen sie
a) etwas unternehmen wollen?
b) eine kleine Aufmerksamkeit versenden oder anrufen wollen?

    • Geburtstage
    • Jubiläum
    • Hobbys/Vorlieben
    • Urlaubsorte/-ziele/-termine

☐ Kennen Sie die Interessen Ihrer Kunden?

- Wissensbereiche wie Literatur, Kunst etc.
- Spezialthemen/-interessen
- Mitgliedschaften in Verbänden etc.

☐ Nutzen Sie für Bindungs- und Pflegemaßnahmen ein Kundenbindungssystem, so dass nichts vergessen werden kann (→ *Aufbau eines Kundenbindungssystems)*?

B

Besonders wichtig ist in diesem Zusammenhang, dass alle Informationen, die Ihr Innen- und Außendienst erhält, auch in Ihren Kundenstammdaten erfaßt werden. Informationen über die Kunden, die nicht mehr über den Innen- oder Außendienst gewonnen werden, können Sie durch Ihre Mitarbeiter oder durch einen externen Dienstleister (→ *Call Center*) erfragen lassen.

Wenn Sie eine solche Telefon-Aktion selbst durchführen wollen, dann ist das Vorgehen bei der Erstellung eines Telefonleitfadens unter → *Telefon-Aktionen* beschrieben.

Empfehlungen

Geeignet für: Der Kontakt zum Kunden über den Kaufvorgang hinaus war schon immer ein gutes Erfolgsrezept. Daher sollte dieses Medium bei allen Unternehmen Mindeststandard sein.

Zeitrahmen: Wenn die Voraussetzungen bei Ihrer Datenbank geschaffen sind, ist dieses Mittel sofort einsetzbar.

Wenn dies nicht der Fall ist, die Datenbank also erst aufgebaut oder umgestellt werden muss, ist ein Zeitraum von einem Jahr anzusetzen.

Kosten: Die Kosten sind leicht kalkulierbar und hängen von den jeweiligen Maßnahmen ab.

Für die Umstellung der Datenbank sind die Softwarekosten (ca. 500 bis 1.500 DM pro Arbeitsplatz für netzwerkfähige Versionen) und die Umstellungskosten (ohne komplette Neuorganisation sind das ein bis zwei Manntage) anzurechnen.

Grundregeln: Die Datenbank muss den Anforderungen entsprechen.

Tragen Sie die erforderlichen Daten über den Kunden systematisch zusammen und erfassen Sie diese.

Legen Sie die Maßnahmen von Jahr zu Jahr neu fest und budgetieren Sie diese.

Kontrollieren Sie ständig den Erfolg.

Beziehungsmanagement

Über eine gezielte Kundenpflege *(→ Bestandskundenpflege, → Außendienst)* wird eine Beziehung auf der Sympathie- und/oder Kompetenzebene zu Anwendern und Entscheidern aufgebaut. Ziel ist es, ein Vertrauensverhältnis zu schaffen, durch das man Vorteile bei Entscheidungsprozessen erreicht, die später zur Intensivierung der Geschäftsbeziehungen führen.

> **Ⓧ Beispiel**
>
> Bei Kunden-Veranstaltungen wie Präsentationen, Messen und Schulungen stellt ein Unternehmen der Feinmesstechnik den Teilnehmern stets Techniker und Ingenieure zur Seite, um deren spezifische Fragen zu beantworten. So ist die Kompetenz des Gesprächspartners für den Kunden ersichtlich und es wird eine fachliche Akzeptanz und Beziehung über die technische Seite erreicht. Durch gezieltes Nachfassen und Lösen erster Kundenprobleme lässt sich so die Vertrauensbasis aufbauen, die für das Einbeziehen in neue Entwicklungen beim Kunden erforderlich ist. Aber auch Neuentwicklungen des eigenen Unternehmens können so auf ihren praktischen Einsatzzweck hin von einem vertrauensvollen Partner getestet werden, ohne dass die Konkurrenz zu früh davon erfährt.

Beziehungsmanagement kann auf keinen Fall heißen, eine Beziehung einseitig zu „missbrauchen", sondern muss beiden Seiten Vorteile bieten, damit es dauerhaft erfolgreich sein kann. Eine zu „freundschaftliche" Beziehung kann bei kritischen Situationen wie Preisnachlässen auf der Verkäuferseite und „Freundschaftsaufträgen" auf der Einkäuferseite zu erheblichen persönlichen Konflikten führen, die zwar kurzfristig gewollt sein, auf Dauer aber die Beziehung zerstören können.

Empfehlenswert ist der Aufbau von Beziehungsgeflechten in allen Branchen, da Entscheidungen immer noch stark von den Sympathien zu einem Menschen und dem dadurch bedingten Vertrauensvorschuss beeinflusst werden.

> **✓ Halten Sie sich daher an folgende Vorgehensweise:**
>
> - Bauen Sie eine Sympathie- und Vertrauensbasis auf.
>   Hören Sie gut zu.
>   Stellen Sie sicher, dass Sie Ihren Kunden richtig verstanden haben.
>   Interessieren Sie sich für die Belange des Kunden und reden Sie nicht nur über Ihre Vorstellungen.
>   Vermeiden Sie Besserwisserei, Belehrung oder Widerspruch.
>   Binden Sie den Kunden intensiv in Ihre Präsentation mit ein und stellen Sie durch Rückfragen, nachmachen lassen oder Fragen, inwieweit diese Lösung seinen Vorstellungen entspricht, sicher, dass Sie nicht an seinen Interessen vorbei argumentieren.

B

Bleiben Sie ehrlich und lassen Sie dauerhaft erkennen, dass Sie zuverlässig sind. Kümmern Sie sich auch nach der Lieferung um die Belange des Kunden, klären Sie, wie zufrieden er mit Ihrer Leistung ist.
(→ *Analyse und Umsetzung der Kundenorientierung*)
- Sprechen Sie offen mit dem Kunden über seine Erwartungen für diese Geschäftsbeziehung.
- Informieren Sie den Kunden auch über Ihre Absicht einer langfristigen und partnerschaftlichen Zusammenarbeit.
- Machen Sie sich Gedanken um Lösungen und Verbesserungen, die dem Kunden nützlich sind.
Welche Anforderungen und Wünsche haben die Abnehmer meines Kunden?
Welche Verbesserungen oder welche Unterstützung könnte ich meinem Kunden für seine Verbesserung des Absatzes anbieten?
Welche Widerstände könnten bei Einsatz meines Produkts beim Abnehmer meines Kunden auftreten?
Welche Vorteile hat der Kunde meines Kunden beim Einsatz meines Produkts im Vergleich zu anderen Anbietern?
- Informieren Sie rechtzeitig über Neuentwicklungen und schaffen Sie so den Boden für eine intensivere Zusammenarbeit.
- Hören Sie gut zu bei Problemen, die den Kunden betreffen und suchen Sie auch nach Lösungen. Manchmal kann es auch ein Tipp in einem artfremden Gebiet sein.
- Laden Sie den Kunden auch in Ihr Unternehmen ein, um Ihn mit Ihren Neuentwicklungen vertraut zu machen.
- Schaffen Sie eine Kontaktform, in der Sie mehrere Kunden zusammenführen.
- Belohnen Sie die Mitarbeit Ihrer Kunden durch entsprechende Anerkennungsveranstaltungen. (VIP-Kunden- Einladungen, Einladungen zu besonderen Veranstaltungen wie Presseball, Opern ...)

Beachten Sie darüber hinaus folgende Voraussetzungen:

Die Kommunikation mit dem Kunden steht im Mittelpunkt der Unternehmensstrategie, sie ist wichtiger Bestandteil der Unternehmensphilosophie.

Dokumentation und Kommunikation der Erfolge durch Beziehungsmanagement gegenüber Ihren Mitarbeitern verbessert das Bewusstsein der Mitarbeiter für dieses wichtige Instrumentarium.

Den Mitarbeitern kann durch systematisches Training bewusst gemacht werden, wie und was sie persönlich zum Aufbau des Beziehungsmanagements beitragen können und welche Bedeutung eine langfristige Kundenbeziehung für das Wachstum und die Ertragssicherung des Unternehmens hat.

Die Systematisierung der Kunden-Daten (→ *Datenbanken*) durch ein abgestimmtes Informationssystem über die Erwartungen der Kunden ist die Voraussetzung um die Maßnahme dauerhaft nutzen zu können. Denken Sie z.b. an gezielte Maßnahmen der Kundenansprache über Werbebriefe und Telefonmarketing. Klären Sie dabei zur Datensicherheit ab:

- Wer beschafft welche Informationen? (Informationsbeschaffung)
- Wer darf Änderungen in der Datenbank vornehmen?
- Wer gibt welche Informationen an wen, wie und womit weiter? (Informationsverwaltung)

Koordinieren Sie Vertriebs- und Marketing-Aktivitäten in gemeinsamen Projekten mit allen Abteilungen (Produktion, Entwicklung, Verkauf und Marketing).

Binden Sie die Aktivitäten zur Verbesserung der Kunden-Beziehungen in Zielvereinbarungen und somit in Honorierungssysteme mit ein. Dazu müssen die Aktivitäten mess- und überprüfbar formuliert sein.

Empfehlungen

Geeignet für: Alle Unternehmen
Zeitrahmen: Ca. zwei bis drei Wochen. Mit entsprechender Mitarbeiterschulung.
Kosten: Für Schulungsmaßnahmen (Dauer: zwei bis sechs Tage, je nach Anforderung und Trainingsstand der Mitarbeiter): 3.000 DM Tageshonorar plus Nebenkosten für einen guten Trainer.
                 Achten Sie dringend darauf, dass ein solches Seminar mit intensivem Training, evtl. auch mit Echtgesprächen durchgeführt wird und prüfen Sie, dass die Philosophie des Trainers auf Ihr Unternehmen abgestimmt ist.
Grundregeln: Schaffen Sie Bewusstsein für die dadurch erreichbaren Erfolge.
                 Trainieren Sie Ihre Mitarbeiter, kontrollieren und entwickeln Sie deren Leistungsspektrum weiter (über Feldanalyse von Echtgesprächen).
                 Erfassen Sie die Aktivitäten und Reaktionen der Kunden per EDV.

C

Call Center

C

In Zeiten, in denen Wettbewerbsvorteile hauptsächlich durch die Service-Leistungen der Unternehmen erreicht werden können, ist die Nähe (Erreichbarkeit) zum Kunden ein entscheidender Faktor. Kundennähe über das Telefon muss gut organisiert werden. Einfach nur Mitarbeiter ans Telefon zu setzen, bringt i.d.R. mehr Verdruss als Genuss.

⊗ Beispiel

Ein Großhandel richtete ein Call Center ein, um bei seinen Kunden am Vortag der Belieferung den Bedarf an Obst und Frischgemüse abzufragen. Wollten die Händler allerdings tagsüber Bestellungen für andere Waren aufgeben oder Reklamationen und Anfragen loswerden, war langes Warten angesagt.
Die Händler hatten schnell registriert, dass dieser Service mehr der Disposition des Großhandels als ihnen diente. Man war gezwungen, stets zur gegebenen Zeit die Disposition fertig zu haben, es gab keine Lagerbestände mehr, aus denen man sich kurzfristig bedienen konnte, so dass man in solchen Fällen auf Großhändler zurückgreifen musste.

Servicemaßnahmen zur Kundenbindung müssen für beide Seiten attraktiv sein. Unausgewogene Hau-Ruck-Aktionen, die hintergründig nur dem eigenen Vorteil dienen, wie in unserem Beispiel, genügen diesem Anspruch nicht mehr.

Einige Ratschläge, die Sie vorab beachten sollten:

• Starten Sie vor der Entscheidung für ein Call Center erst eine Kunden-Befragung *(→ Kunden-Befragung)*, die Ihnen Auskunft über deren Erwartungen gibt.
• Stellen Sie fest, mit welcher Art von Reklamationen und Beschwerden *(→ Beschwerdemanagement)* Ihre Mitarbeiter rechnen müssen.
• Ermitteln Sie so den Schulungsbedarf *(→ Schulungen)* für Ihre Call-Center-Mitarbeiter.
• Klären Sie ab, mit welchen Kapazitäten Sie an Inbound- (eingehenden Telefongesprächen) und Outboundgesprächen (wir rufen Kunden an) rechnen müssen.

Wann sollten Sie ein Call Center einrichten?

1. Schritt:
Grundsätzlich sollten Sie sich heute mit der Frage beschäftigen, wie Sie die telefonische bzw. elektronische (Fax, E-Mail, Internet) Kunden- und Interessentenbetreuung so verbessern können, dass die Zufriedenheit Ihrer Anrufer steigt. Dabei sind Faktoren wie Erreichbarkeit, Kom-

petenz der Gesprächspartner, Qualität und Professionalität der Auskunft, Zuverlässigkeit bei der Vereinbarung von Sachverhalten und Terminen, richtiges Verhalten bei Reklamationen und Beschwerden entscheidend.

2. Schritt:
Haben Sie hier Defizite *(→ Reklamationsmanagement, → Beschwerdemanagement, → Kunden- Befragung, → Analyse und Umsetzung der Kundenorientierung)* aufgespürt, dann sollten Sie sich bei der Lösungsfindung auch gleich mit der Frage beschäftigen: Call Center ja oder nein?

❌ Beispiel

„Nichts geht mehr", war der Hilferuf der Sachbearbeiter eines Produzenten für Wintergärten bei ihrem Chef. „Wir kommen wegen der zahlreichen Händleranfragen nicht mehr zu unserer eigentlichen Tätigkeit, das meiste bleibt liegen!"

Die Analyse der eingehenden Telefonate war dann auch erschreckend, über 70 Telefonate pro Tag und Sachbearbeiter alleine wegen Liefer- und Lagerbestandsanfragen. Nur 5 bis 10 Fachgespräche zu Modellen und zum Produkteinsatz.

Heute gehen alle eingehenden Gespräche über das neu eingerichtete Call Center. Die dort arbeitenden vier Berater wurden vorab so trainiert, dass sie die Mehrheit der Anfragen – auch leichtere Fachfragen – beantworten können. Erst bei schwierigen Fachfragen wird das Gespräch an die Sachbearbeiter oder die Technik weitergeleitet.

Unterstützt durch ein gut aufgebautes Datenbanksystem, das einen schnellen Zugriff auf Kunden-, Liefer- und Planungsdaten ermöglicht, ist ein Qualitätsstandard erreicht, der auch bei den Händlern gelobt wird. Die Produktivität der Sachbearbeiter ist deutlich gesteigert worden und ihre Fehlerquote spürbar gesunken.

✔ Wofür ist ein Call Center alles denkbar?

Inbound (eingehende Telefonate)
- Bestell- bzw. Auftragsannahme und Abwicklung
- Kundenberatung und -betreuung
- Information und Service
- Hotline
- Zentrales Kundendienst-Management *(→ Organisation)* in Verbindung mit elektronischen Medien wie Fax-Eingang, E-Mail-Eingang und Internet-Foren

Outbound (ausgehende Telefonate)
• Aktualisierung der Datenbestände
• Neukundengewinnung
• Nachfassen von Angeboten
• Verkauf und Zusatzverkauf
• Tourenplanung für den Außendienst
• Terminvereinbarungen
• Prüfung neuer Vertriebswege
• Markttests für neue Produkte oder Dienstleistungen
• Betreuung von B- und C-Kunden
• Unterstützung der Zahlungseingänge
• Marktforschung und Kunden-Befragungen usw.

C

Weitere Schritte zur Einrichtung eines Call Centers:

Aufbau eines Kunden-/Service-Centers (Inbound)

• Analysieren Sie, wie viele Gespräche und welche Arten von Gesprächen in Ihrem Hause eingehen (Strichliste mit Stundeneinteilung und der Art des geführten Gesprächs genügt) und erfassen Sie den dafür erforderlichen Zeitbedarf.

• Klären Sie ab, welche Telefonate das neue Kunden-Center bewältigen soll und wie viele Mitarbeiter für den Anfang zur Verfügung stehen müssen. Ihre Strichliste bietet Ihnen eine gute Möglichkeit der kostengünstigen und schnellen Personaleinsatzplanung.

• Regeln Sie, wohin im Falle des Gesprächsüberlaufs (mehr eingehende Gespräche, als vom Call Center verarbeitet werden können)

– die Leitungen weitergeschaltet werden sollen (z.B. bestimmte Sachbearbeiter oder Fachabteilungen) oder ob Sie
– eine Warteschleife anlegen („Alle Mitarbeiter sind im Moment im Kundengespräch, wir stellen Sie gleich zum nächsten Ansprechpartner, der frei wird, durch.") oder ob Sie
– mit Anrufbeantworter arbeiten wollen („Alle Mitarbeiter sind im Moment im Kundengespräch, bitte nennen Sie uns Ihren Namen und Ihre Rufnummer, wir rufen Sie umgehend zurück.").

• Wecken Sie bei der Einrichtung einer Hot-Line/Help-Line keine falschen Erwartungen: „Unter dieser Rufnummer 01 23 45/12 34 56 78 erreichen Sie uns 24 Stunden am Tag." Bei Anrufen nach 20 Uhr ist dann aber der Anrufbeantworter eingeschaltet. Kommunizieren Sie deshalb nur, was Sie auch zu leisten bereit sind.

• Regeln Sie Bearbeitungszeiten, bis zu denen Ihre Kunden eine Lösung Ihrer Anfrage erhalten müssen und informieren bzw. schulen Sie Ihre Mitarbeiter so, dass sie diese Ansprüche auch erfüllen können.

• Lassen Sie Ihre Call-Center-Mitarbeiter für gute Kundenkommunikation, zielorientierten Gesprächsaufbau, Argumentationstechnik, Umgang mit Kunden in schwierigen Situationen, Konflikt- und Stressbewältigung im Kundengespräch trainieren!

• Informieren Sie über alle Neuerungen und führen Sie entsprechende Produktschulungen durch.

• Vergessen Sie auf keinen Fall Übungen zur mentalen Fitness (Konflikt- und Stressbewältigung bzw. Entspannungsübungen)

Aufbau eines aktiven Verkaufsteams (Outbound)

• Legen Sie fest, wie viele Kunden Sie täglich erreichen wollen oder müssen.

• Ermitteln Sie den Zeitbedarf, den ein Mitarbeiter für das Erreichen von Kunden benötigt (oft muss man zwei- bis dreimal anrufen, ehe man den verantwortlichen Gesprächspartner erreicht).

• Ermitteln Sie den Zeitbedarf für ein durchschnittliches Verkaufsangebot samt Abschluß. Das kann im ersten Gespräch passieren, aber – je nach Beratungsintensität – durchaus auch zwei oder drei Telefonate umfassen. Sie können aber auch mit einem Durchschnittswert von sieben bis zehn effektiven Kundenkontakten pro Stunde rechnen, um eine erste Zahl für den Personalbedarf zu haben.

• Erstellen Sie eine Wirtschaftlichkeitsberechnung. Welche zusätzlichen Kosten entstehen, mit welchen zusätzlichen Auftragseingängen kann gerechnet werden, was bleibt zum Schluss übrig?

• Kalkulieren Sie auch den zeitlichen Mehraufwand für die Auftragserfassung und -abwicklung bis zum Versand und zur Rechnungsschreibung mit ein!
(Nehmen Sie an, Sie entscheiden sich am Anfang für drei Verkäufer. Dann erreichen diese pro Tag ca. 3 × 6 Stunden/Tag à 10 Kontakte = 180 Kontakte. Bei einer durchschnittlichen Erfolgsquote von 15 Prozent heißt das 27 Abschlüsse pro Tag oder 594 Abschlüsse pro Monat.)

• Entscheiden Sie sich für eine modular erweiterbare Telefonanlage und Software, die Ihnen eine zuverlässige Auswertung Ihrer Aktivitäten ermöglicht.

✔ Nutzen Sie zur Auswahl Ihrer Software die folgende Checkliste:	Ja	Nein
Entspricht das Betriebssystem den Anforderungen der Software?		
Ist die Software für Einzelplatzlösung und für Netzwerk geeignet?		
Können Adressen der Zielpersonen beliebig vielen Telefonplätzen zugeordnet werden?		
Ist ein gleichzeitiger Zugriff aller Nutzer auf die Daten möglich?		
Ist das automatische Wählen aus dem Programm heraus einfach möglich?		
Können Informationen, Termine und Gesprächsergebnisse dokumentiert werden?		
Sind diese Eingaben während des Gesprächs in die Telefonmaske möglich ?		
Kann das Gesprächsskript ergänzt oder bearbeitet werden?		
Werden besetzte oder nicht erreichte Rufnummern automatisch nochmals angewählt?		
Ist die Aktion einfach auszuwerten?		
Ist die Darstellung der Statistiken und Ergebnisse gut lesbar?		
Kann die Datenbank Ihres Hauses eingebunden werden?		
Wird die Verknüpfung zu anderen Programmen (z.B. Access, Excel, Textverarbeitung) unterstützt?		

C

• Besuchen Sie nach Möglichkeit Referenzkunden der jeweiligen Anbieter, um mit diesen über deren Erfahrungen sprechen zu können und um sicher zu gehen, dass auch Ihre Anforderungen erfüllt werden.

• Stimmen Sie die telefonischen Verkaufsabsichten mit Ihrem Außendienst ab, damit Doppelkontakte vermieden werden.

Wie sieht es mit den Einrichtungs- und Unterhaltungskosten aus?

Während die Telefongebühren schnell zu kalkulieren sind, ist das bei der Einrichtung Ihres Call Centers schon weit schwieriger. Im Endeffekt bleibt nichts anderes über, als sich vergleichbare Angebote bei den Anbietern für Telefontechnik, -Software und -Einrichtung der Arbeitsplätze einzuholen.

Die nachstehend genannten Größenordnungen können daher nur Richtwerte sein: Trenn- bzw. Schallwände pro Arbeitsplatz ca. 600 DM; Arbeitstische mit Verkabelung und Steckerleiste ab ca. 1.000 DM; die Preise für Headsets (Kopfbügel mit Ohrhörer und Mikro, die individuell ausgesucht werden sollten) beginnen bei guten Qualitäten mit 150 DM und reichen bis 300 DM für schnurlose Lösungen. Die Kosten für die Software sind sehr unterschiedlich. Achten Sie hier nicht allzusehr auf das Geld, denn die Leistungsfähigkeit der Datenbank sollte Ihren individuellen Bedürfnissen angepasst sein. Die Hardwarekosten (Einzelplatz PC mit ISDN-Karte und Direktwahlmöglichkeit ab 3.000 DM, ohne Software) hängen von Ihrer vorhandenen EDV-Lösung ab.

✓ **Wann sollten Sie die Dienstleistung eines externen Call Centers nutzen, ein eigenes installieren bzw. beides koordinieren?**

Fragen zur Vorbereitung und Planung eines Call Centers	Ja	Nein
Wurde eine Analyse durchgeführt, die Ihnen Aufschluss über die Sinnhaftigkeit eines Call Centers für Ihr Unternehmen aufzeigt?		
Sind ausreichend Kapazitäten für die Erweiterung Ihrer Telefonanlage durch ein Call Center vorhanden?		
Ist die technische Infrastruktur vorhanden (Telefon- und PC-Anschlüsse)?		
Sind ausreichend Räumlichkeiten vorhanden?		
Ist bei dem errechneten Bedarf eine dauerhafte Auslastung zu erwarten?		
Sind saisonale Schwankungen bei der Auslastung eher unwahrscheinlich?		
Haben Sie einen Projektleiter für die Planung und Durchführung dieses Projekts?		
Rechnen sich die zu erwartenden Anschaffungs- und Unterhaltskosten (auch permanenter Trainingsbedarf) im Hinblick auf den Mehrertrag oder die Steigerung der Kundenzufriedenheit/Kundenbindung?		
Können Sie Organisation, Technik und Ausführung in eigener Regie bewältigen?		
Ist Fachwissen und hohe Beratungskompetenz beim Personal erforderlich?		
Verfügen Sie über ausreichend Fachpersonal, um das Call Center damit zu betreiben?		

	Ja	Nein
Wäre eine Aufstockung für den Service rund um die Uhr sinnvoll? (weltweites Engagement/Verbraucher erwarten dies)		
Verfügen Sie über eine im Call Center-Management erfahrene Führungskraft?		

C

Je mehr Fragen Sie mit „Ja" beantworten, desto besser ist eine Inhouse-Lösung geeignet. Denkbar ist auch eine Lösung mit teilweiser Inanspruchnahme einer externen Agentur, wenn Aktionen aus Kapazitätsgründen ausgelagert werden sollen bzw. wenn Sie eine höhere Erreichbarkeit sicherstellen wollen (z.B. 24-Stunden-Service oder Abdecken von Spitzen-/Saisonzeiten).

Wenn das „Nein" überwiegt und Sie an eine teilweise Auslagerung denken, dann beachten Sie folgende Checkliste.

✔ Kriterien zur Auswahl von Agenturen:

- Stimmt die Philosophie der Agentur mit Ihren Vorstellungen überein?
- Wie sieht es mit der Chemie zwischen Agentur und Mitarbeitern aus?
- Wie beurteilen Sie Vorgehen und Konzept der Agentur?

(Wenn Sie die ersten drei Fragen negativ beantworten müssen, dann sollten Sie lieber auf die Zusammenarbeit verzichten!)

- Haben Sie Unterlagen angefordert bzw. diese angesprochen?
- Haben Probeanrufe der Agentur Ihren Vorstellungen entsprochen?
- Kann die Agentur flexibel auf Änderungswünsche reagieren und dies glaubhaft belegen?
- Kann die Agentur Ihre Aktionen kurzfristig umsetzen und durchführen?
- Wurden beim Briefing alle Punkte angesprochen und gelöst, die für Sie wichtig sind?
- Verfügt die Agentur über hochwertige Technik? (Vergleichen Sie diese evtl. mit anderen Agenturen)
- Verfügt die Agentur über ausreichend Erfahrung und Referenzen, die benannt werden können?
- Gibt es bei der Abrechnungsmodalität undurchsichtige – also nicht berechenbare – Größen?
- Ist der Agenturbetreuer Profi, also langjährig im Geschäft und auch bei dieser Agentur?

Wenn Sie sich für die Zusammenarbeit mit einem externen Call Center entschieden haben, so finden Sie zahlreiche Anbieter in den Gelben Seiten der Post, im Internet oder in den Fachzeitschriften *Call Center konkret*, der IM Marketing-Forum GmbH, 76275 Ettlingen, *Call Center profi*, des Gabler Verlag, 65005 Wiesbaden oder *TeleTalk*, telepublic Verlag GmbH & Co, Mechen KG, 30161 Hannover.

Empfehlungen

Geeignet für: Alle Unternehmen mit hohen Kontaktzahlen zu Kunden, sei es aktiv, (Sie rufen Kunden an) oder passiv (Kunden rufen Sie an).

Zeitrahmen: Bei Einsatz eines Teams ca. sechs Monate zur Entscheidung über ein Call Center und die passende Hard- und Software. Als nächster Schritt kommt die Rekrutierung und das Training der Mitarbeiter (ca. 3 bis 4 Monate).

Kosten: Personalkosten, die um die Ersparnis in anderen Abteilungen zu kürzen sind; Raumkosten, soweit eine Erweiterung und nicht nur eine Umorganisation erforderlich sein sollte; die Einrichtungs- und Ausstattungskosten (pro Arbeitsplatz ab 3.000 DM)

Grundregeln: Analysieren Sie sowohl die Erfordernisse durch Kundenerwartungen als auch die Erfordernisse und Koordinationsaufgaben in Ihrem Hause.

Treffen Sie eine Auswahl der technischen Ausstattung.

Stellen sie Ihre Mitarbeiter auf diese neue Betreuungsart um.

Koordinieren Sie alle Abteilungen mit Kundenkontakt in der Durchführungsphase (Zeigen Sie die Informationstechnik und -wege klar auf).

Führen Sie ein exaktes Erfolgscontrolling durch.

Trainieren Sie Ihre Mitarbeiter ständig, möglichst on the Job.

Controlling

> **⊗ Beispiele**
>
> • „Unserem Großkunden Schulze müssen wir einen höheren Nachlass einräumen", meinte einer meiner Verkäufer und zeigte gar kein Verständnis dafür, dass ich das abgelehnt hatte.
>
> • Eine vorab durchgeführte Analyse aller direkt zurechenbaren Kosten pro Kunde (Reisekosten für Außendienst, Kosten für Serviceleistungen, Rabatte, Kulanzleistungen, Schulungsmaßnahmen ...) hatte ergeben, dass viele der so stark umworbenen Großkunden nicht die gewünschten Erträge einbrachten, sondern uns mehr Geld kosteten, als wir an ihnen verdienten.

Hier ein paar Mark, dort ein paar Mark und da noch einen Werbekostenzuschuss für Zeitungsinserate, das geht ins Geld und mindert die Gewinne.

Nichts, was der Außendienst gerne gehört hätte. Doch die Offenlegung dieser Zahlen überzeugte auch unsere Verkäufer, die mit diesem Hintergrundwissen und nach einer entsprechenden Schulung (→ *Schulungen*) bewusster und gestärkt in die kommenden Jahresgespräche (→ *Großkundengespräche*) einsteigen konnten.

Unser Ziel war, in Zukunft aktiver in die Kunden zu investieren, die Erträge erwirtschaftet haben (→ *Kunden-Wert*) oder in solche Geschäftsbeziehungen, bei denen wir eindeutige Chancen sahen, dieses Ertragsziel zu erreichen.

Gerade weil eine hohe Kundenzufriedenheit auch kein Garant für Ihren Erfolg oder die Dauer der Kunden-Beziehung sein kann, sollte eine Partnerschaft von Anfang an profitabel sein oder eine hohe Wahrscheinlichkeit für eine profitable Entwicklung aufweisen! Ist Ihr Kunde erst einmal abgesprungen, sind alle Chancen vertan und Verluste aus dieser Beziehung nicht mehr gutzumachen.

> **⊗ Beispiel**
>
> Ein US-Automobilhersteller hat dies drastisch erfahren, als zwar die Kundenzufriedenheit um 10 Prozent stieg, sein Marktanteil aber um 20 Prozent sank.

Nur aus Renditen lassen sich Investitionen in Kunden und Kosten für Neuentwicklungen von Produkten (siehe S. 45) finanzieren.

Warum sollten Sie Controllingmaßnahmen durchführen?

- Controlling verschafft eine hohe Transparenz der Aktivitäten Ihres Unternehmens.
- Controlling unterstützt Sie bei der Bewertung der Aktivitäten des Außen- und Innendienstes.
- Controlling ermöglicht detaillierte Kenntnisse über die Kundenstrukturen.
- Controlling liefert Eckdaten, die Ihr zukunftsorientiertes Berichtswesen enthalten muss.
- Controlling liefert die Informationen, die Sie benötigen, um die Aktivität des Außen- und Innendienstes zielgerichtet zu steuern.
- Controlling ermöglicht, Kundenertragswerte *(→ Kunden-Wert)* als Basis für weitere Maßnahmen zu ermitteln (Welchen Gewinn erwirtschaftet ein Kunde?).
- Controlling ermöglicht eine gezielte Verbesserung der Ergebnisse.

Empfohlene Vorgehensweise:

1. Schritt:
   Gehen Sie allen Kosten nach, die direkt oder indirekt von Ihren Kunden verursacht werden. Bringen Sie Transparenz in die Aktivitäten Ihres Unternehmens und bewerten Sie diese in DM/Euro.

Kosten des Außendienstes können sein:
- Reise- und KFZ-Kosten
- Zeitaufwand pro Besuch
- alle direkt zurechenbaren Kosten für Bewirtung
- Messebetreuung (über das normale Maß hinaus)
- Sonderbetreuung durch Besuche der Verkaufs- oder Geschäftsleitung

All das setzt voraus, dass Sie ein entsprechendes Berichtswesen eingeführt haben oder einführen und die Daten in Ihrer Datenbank erfassen und bewerten.

Kosten des Innendienstes:
- zusätzlicher Verwaltungsaufwand durch Sondervereinbarungen
- Sonderwünsche oder häufige, aber kleine Aufträge

Ermitteln Sie, welcher Zeitaufwand und welche Kosten Ihnen bei einem durchschnittlichen Auftragswert entstehen und errechnen Sie in solchen Fällen die Mehrkosten. Natürlich muss es auch Ihr Bestreben sein, diese Kosten durch moderne Technik und verbesserte Abläufe so gering als möglich zu halten.

Sonstige Kosten können sein:
- Rabatte
- Kundendienstleistungen
- Zahlungsweise

- Service und Kosten für Kunden-Schulungen
- Reklamationskosten (wenn nicht durch uns verschuldet!)
- Kulanzleistungen

Controlling darf aber auf keinen Fall Selbstzweck werden, sondern hat sich an den Unternehmenszielen der Kundenbindung zu orientieren. Daher nachstehend einige Punkte, die auf jeden Fall relevant für den Kundenertrag und somit für den Erfolg Ihrer Kundenbindungsmaßnahmen sind:

- Aus unterschiedlichen Untersuchungen und Kunden-Befragungen wissen wir, dass 60 Prozent der Verkäufer nicht oder schlecht vorbereitet sind. Sie sollten deshalb auch verkäuferische Aktivitäten auf den „Prüfstand" bringen.

- Ermitteln Sie die durchschnittlichen Kosten einer Neukundengewinnung (welche Kosten und Investitionen entstehen, bis ein Kunde den ersten Auftrag erteilt hat) und stellen Sie diese den Kosten für die Kundenpflege gegenüber mit dem klaren Ziel, dort bevorzugt zu investieren, wo der höchste Ertrag zu erzielen ist.

- Ermitteln Sie die durchschnittliche Kundenverweildauer. So erhalten Sie Antwort auf die Frage, wie lange Kunden Ihrem Hause durchschnittlich treu bleiben, ehe Sie zur Konkurrenz abwandern. Daraus resultieren Unternehmensziele, diese Verweildauer z.B. von zwei Jahren auf drei Jahre zu steigern oder die Kunden-Abwanderung von x auf y Prozent zu reduzieren.

- Ermitteln Sie die Kosten für Angebote – Angebotsverfolgung – Test-Installation – Kunden-Besuche – Nachfass-Telefonate, um diese Kosten dem Kunden direkt zurechnen zu können. Das gilt auch für alle anderen Aktivitäten Ihres Unternehmens, die erfolgsrelevant sind (also auch Produktion, Buchhaltung, usw.).

- Ermitteln Sie die durchschnittlichen Auftragswerte pro Kunde und erarbeiten Sie Konzepte, die den Auftragswert um einen bestimmten Prozentsatz steigern helfen.

- Wichtig ist auch, dass Sie den Marktanteil ermitteln, den Sie bei bestehenden Kunden mit Ihren Produkten erreicht haben (Wieviel Prozent des Einkaufsvolumens für bestimmte Produkte nehmen Ihre Artikel bei diesem Kunden ein, entspricht das dem realen Marktanteil, liegen Sie darüber/darunter?). Legen Sie fest, welchen Marktanteil Sie und wie Sie diesen zukünftig erreichen wollen (Wie wichtig sind Sie für diesen Kunden und wie wichtig ist dieser Kunde für Sie?).

- Auch die Ziele der Zusammenarbeit, die mit dem Kunden abgesprochen werden, gilt es zu kontrollieren und Messfaktoren für die Kundenerwartung zu formulieren (z.B. Verbesserung der Lieferbereitschaft von vier auf drei Wochen; Reduzierung der Ausfallzeiten von 48 auf 36 Stunden; Nutzen von fünf Entwickler-Manntagen für das neue Modell X – bis hierher sind das Investitionen in die Kundenbeziehung –; Erhöhung der Abnahmemengen von 3.500 auf 5.000 Stück/Jahr, verteilt auf 10 Liefermonate à 500 Stück; Abnahmegarantie für die mit unseren Entwicklern verbesserten Produkte über drei Jahre zu 50% des gesamten Bedarfs – das sind Ertragsziele).

* Aus diesen Schritten lassen sich die Deckungsbeiträge pro Kunde oder Marktanteile pro Kunde ermitteln, mit anderen Kunden vergleichen und somit in Konzepte zur Verbesserung der Ertragslage bei dem jeweiligen Kunden umsetzen.

2. Schritt:
Überprüfen Sie Ihren Kundenstamm daraufhin, in welchen Kunden Sie zukünftig mit welchem Ziel investieren wollen.
Legen Sie dazu fest, welche Mittel Sie insgesamt aufwenden können oder wollen.
Teilen Sie diese Mittel auf Ihre Kunden (eventuell auch Kundengruppen, wie B- und C-Kunden) entsprechend der Umsatzpotentiale auf (erstellen Sie also Kunden-Budgets). Somit wird das Erreichen der Ziele genauso kontrollfähig, wie die Umsetzung der Maßnahmen durch Ihre Mitarbeiter.

Binden Sie in diesen Schritt Ihren Außen- und Innendienst, eventuell auch Entwicklung und Service, mit ein, denn von deren Kenntnis des Kunden und aktiver Mitarbeit bei der Umsetzung der Maßnahmen hängt der Erfolg entscheidend ab.

Mit einer modernen und PC- gestützten Kostenrechnung sind solche Zuordnungen der Kosten auf einzelne Kunden gut handhabbar. Wichtig ist, dass Sie von vorn herein festlegen, wie welche Kosten zugerechnet (kontiert und verbucht) werden.

Versuchen Sie sich hierbei nicht in Perfektionismus, sondern beschränken Sie sich zu Beginn Ihrer Maßnahmen zum Controlling und zur Kostenrechnung auf die Aktivitäten, die sich über das normale Maß hinaus bei dem jeweiligen Kunden ergeben. Dieses normale Maß müssen Sie vorgeben (z.B. Anzahl der Kundenbesuche durch den Außen- und Kundendienst etc.).

Alle dieses Maß übersteigenden Aktivitäten und somit Kosten (z.B. Besuche, Sonderbetreuungen, Rabatte, Kulanzleistungen etc.) gilt es, entsprechend dem Budget, dem jeweiligen Kunden-Konto zuzuweisen.

3. Schritt:
Vergleichen Sie die Umsetzung der Aktivitäten mit dem Zielerreichungsgrad beim jeweiligen Kunden.
Dokumentieren Sie Erfolg und Misserfolg und ergreifen Sie neue Maßnahmen.

Solche Vergleiche gilt es nicht erst am Jahresende anzustellen, sondern kurzfristig, je nach Branche in einem Zeitabstand von einer Woche bis spätestens drei Monaten durchzuführen, um auch reagieren zu können.

Durch die gerechte Verteilung der Kosten auf die einzelnen Kunden erhalten Sie einen genauen Überblick über profitable und weniger profitable bzw. unrentable Geschäftsbeziehungen.

C

Solche Controllingmaßnahmen sollen auch bei der Entwicklung neuer Produkte zu Grunde gelegt werden. Eine Zielkostenplanung soll hier das Kostenrisiko minimieren und den finanziellen Erfolg sicherstellen.

- Marktanalysen sollen die Bereitschaft der Verbraucher sicherstellen, welche Funktionsweisen zu welchen Preisen gekauft werden (→ *Kunden-Befragung*).
Wenn Sie einen neuen Taschenrechner entwickeln wollen, dann ist die erste Frage, welchen Preis Sie dafür auf dem Markt erzielen können. Sie müssen klären, welchen Mehrpreis Kunden für zusätzliche Funktionen oder Optik bereit sind auszugeben. Das gilt auch, wenn Sie diesen Rechner gleichzeitig mit einigen Spielen ausstatten wollen.
Damit Ihnen bei der Entwicklung dieses Rechners die Kosten nicht davonlaufen, gilt es diese im Rahmen der nachfolgenden Maßnahmen zu beschränken:
- Zu wieviel Prozent ist eine Funktion kaufentscheidend bei dem geplanten Produkt? Ermitteln Sie diese Werte über Kunden-Befragungen (→ *Kunden-Befragungen)*, ergänzen Sie sie durch Expertenrat. Je nach Relation werden die zur Verfügung stehenden Entwicklungsbudgets verteilt.
Nehmen wir wieder das Beispiel des Taschenrechners. Dort gibt es mechanische Teile, das Gehäuse, die grafische Gestaltung der Oberfläche, die Elektronik, die Software, die sich wieder unterteilt in die Rechensoftware und die Spielesoftware.
Ist z.B. das Gehäuse zu 30% kaufentscheidend, fließen 30% des Entwicklungsbudgets in die Formentwicklung. Diese Budgetbegrenzung ist sicherlich hart für Entwickler, die meinen, ihren Ideen nicht mehr freien Lauf lassen zu können, aber auch sie müssen lernen, markt- und kundenorientiert zu denken und zu handeln, denn nur so ist sichergestellt, dass das neue Gerät auch auf dem Markt Profit einfahren kann.
- Erstellen Sie eine klare Projektplanung, abgestimmt auf die Erreichung des Zeitziels und der Einhaltung des Kostenbudgets zur Zielerreichung. Gehen Sie bei dieser Planung von der Frage aus, wann das Produkt beim Anwender bzw. auf dem Markt sein muss.
- Sorgen Sie für ein striktes Controlling der Entwicklungsschritte, der Zeit- und Kosteneinhaltung.

Empfehlungen

Geeignet für: Die Unternehmen, in denen die Grundvoraussetzungen hierfür geschaffen sind. Das heißt, das Erfassen und Zuordnen der Kosten und Erlöse, Kunden-Wert und Kunden-Klassifizierung sind bereits Standard.

Zeitrahmen: Planung und Umsetzung ein bis zwei Jahre.
Nach Installation der Kundenbearbeitung über → *Kunden-Wert* und → *Kunden-Klassifizierung* ist das Einrichten einer Controlling-Instanz erforderlich. Hinzu kommt die Installation einer entsprechenden Kostenrechnungs-Software.

Kosten: Personalkosten für die Projektarbeit Ihrer Mitarbeiter in der erforderlichen Zeit/Softwarekosten (ab 1.500 DM + Programmpflege für Einzelplatzsystem)/ Zeitanteil des Mitarbeiters, der diese Aufgabe übernehmen wird

Grundregeln: Entscheiden Sie sich für die Kundenentwicklung nach Kunden-Wert.
Investieren Sie ganz individuell in Kunden entsprechend dem Kunden-Wert.
Legen Sie Budgets, die geplanten Ergebnisse pro Kunde und den Zeitraum fest.
Überprüfen Sie die Resultate ständig und passen Sie die Maßnahmen an.

D

Datenbanken

⊗ Beispiel

„Herr Müller, ich benötige kurzfristig alle Kunden, die mehr als 500 Stück unseres Produkts A abnehmen können. Zeigen Sie mir auf, welche Kunden Produkt B nur bei unserer Konkurrenz X ordern und einen Umsatz von mindestens 500.000 DM mit diesem Artikel machen!"

Solche und ähnliche Informationen muss eine gut aufgebaute Datenbank heute problemlos liefern können. Datenbanken sind in einem modernen Unternehmen das Herz der Organisation. Sie sind die Zentralstelle, in der die Informationen über Kunden, Lieferanten oder Konkurrenten erfasst, gespeichert, sortiert, verknüpft, be- und ausgewertet werden können. Sie müssen sicherstellen, dass nur berechtigte Personen Zugriff auf bestimmte Informationen haben, damit kein Missbrauch betrieben werden kann. Daher sollten Sie diesem „Lebensnerv" Ihrer Organisation besondere Aufmerksamkeit schenken.

Welche Anforderungen werden an Ihre Datenbank gestellt?

• Klären Sie vor dem Aufbau Ihrer Datenbank die Anforderungen die die jeweiligen Nutzer, wie Einkauf, Verkauf, Produktion, Marketing, Finanzbuchhaltung, Rechnungswesen, Kundendienst, Entwicklung etc. an sie stellen!

⊗ Beispiel

Da ist der Einkauf, der eine Übersicht über alle Firmen benötigt, die ein bestimmtes Produkt anbieten, da ist die Entwicklung, die über die gleichen Informationen verfügen muss, aber weitere technische Details benötigt, da will der Einkauf wissen, wer der zuständige Verkäufer ist, da benötigt die Entwicklung den Namen des zuständigen Ingenieurs. Dabei muss sichergestellt sein, dass die Datenbank für beide Ansprechpartner noch übersichtlich bleibt, aber die gewünschten Informationen schnell abgerufen werden können. Da ist der Verkauf, der wissen möchte, zu welchen Preisen die Konkurrenz ein bestimmtes Modell anbietet, um für ein bevorstehendes Jahresgespräch gerüstet zu sein. Da fließen Kunden- und Marktinformationen von Innen- und Außendienst mit ein und es soll sichergestellt sein, dass nicht alle Mitarbeiter Zugriff auf sensible Daten, wie Personaldaten, Finanzbuchhaltung oder persönliche Kundendaten haben.

• Die Datenbank muss so strukturiert sein, dass Sie gezielte Abfragen zulässt. Diese lassen sich aber nur dann verwirklichen, wenn Sie im Voraus festgelegt haben, welche Informationen wie aufgenommen werden. Gezielte Abfragen setzen zusätzlich voraus, dass die gewünschten Verknüpfungsmöglichkeiten unter den Dateien existieren.

Beispiel

Für eine Werbeaktion wollen Sie alle Firmen und Kunden auflisten, die Artikel A bestellen könnten. Kunden, die diesen Artikel regelmäßig, das heißt mindestens 3 Bestellungen pro Jahr, beziehen, sollen gesondert angeschrieben werden. Für diese beiden Auflistungen müssten Sie auf die Bestelldaten und Rechnungsschreibung Ihrer Kunden aus dem Auftragswesen zurückgreifen. Sie müssten selektieren können, wie viele Bestellungen der jeweilige Kunde pro Jahr erteilt und Ihre Marketingdaten müssten Ihnen aufzeigen können, welche weiteren Firmen (Interessenten und Werbekunden) für eine Bestellung des Artikels A in Frage kommen.

Hier zeigt es sich, wie wichtig es ist, dass nicht jede Abteilung eine Datenbank mit eigenen Kundendaten pflegt, sondern dass diese über eine zentrale Firmendatenbank realisiert werden. Die abteilungsbezogenen Daten lassen sich über eine Verknüpfung zur Firmendatenbank erfassen und pflegen und auch die Zugriffsrechte der Abteilungen und Sachbearbeiter sind so leichter zu regeln.

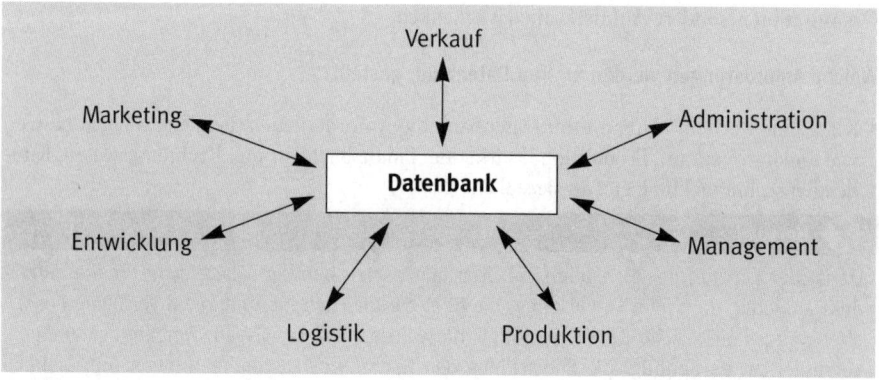

Verknüpfung der Kundendaten

Wenn dies mit Ihrer bisherigen Datenbank nicht zu schaffen ist, dann beginnen Sie rechtzeitig mit der Planung einer neuen Datenbank. Für das Thema der Kundenbindung und die damit verbundenen Aktivitäten sind zumindest die nachfolgenden Verknüpfungen erforderlich:

1. Grunddaten (Firmendaten)
2. Verkaufsdaten (Ansprechpartner, Notizen des Außen- und Innendienstes)
3. Lager- und Bestelldaten inkl. Produktionsplanung
4. Daten des Auftrags-/Rechnungswesens
5. Marketingdaten (Zielgruppen, Branchen, Produkte usw.)

Achten Sie bei der Anschaffung Ihrer Software darauf, dass solche Lösungen möglich sind. Erstellen Sie im Voraus eine entsprechende Anforderungs-Checkliste an Ihr Datenbanksystem. Datenbanken mit derartigen Verknüpfungsmöglichkeiten nennt man relationale Datenbanken.

 Achten Sie darauf, dass Ihre Datenbank auch ausreichend dimensionierbar bleibt für zukünftige Anforderungen. Dabei geht es nicht nur um Datenbestände, sondern auch um die Möglichkeit, neue Verknüpfungen erstellen zu können bzw. Daten zu ergänzen.

D

 Beispiel

Ein mittelständisches Unternehmen hatte bisher nur ein Produkt im Angebot. Auf Grund des damit verbundenen Risikos und der Marktentwicklung hatte man sich dazu entschlossen, zusätzliche Dienstleistungen anzubieten und dazu auch drei neue Produkte als Handelsware aufgenommen.

Schnell stellte sich heraus, dass in die bestehende Datenbank zusätzliche Ansprechpartner und Einkäufer innerhalb ein und desselben Unternehmens aufgenommen werden mussten. Und durch die Einbindung personenbezogener Gesprächsnotizen, Umsatz und Produktionsdaten war das mit der vorhandenen Lösung nicht mehr zu bewältigen.

Erfassen Sie alle Daten in-time, damit Sie stets auf dem aktuellsten Stand sind und lassen Sie keine Schlupflöcher zu.

 Beispiel

Als ich nach einigen Tagen Reisetätigkeit wieder im Büro war, sah ich durch Zufall einen Stapel Kundenanfragen mit gelber Post-it-Notiz „Noch erfassen". Nach kurzer Durchsicht stellte ich fest, dass Datenänderungen und Adressen der Anfrager seit drei Wochen liegen geblieben waren.
Trotz der Tatsache, dass jeder der Anfrager einen Serienbrief, gesteuert über den Kundenstamm, erhalten sollte, hatte man die Daten dort einfach per Hand in das Serienbriefformular eingetragen. „Das geht doch in der momentanen Hektik viel schneller!", war der Kommentar der zuständigen Mitarbeiterin.

Ganz abgesehen davon, dass die Daten jetzt doppelt eingegeben werden müssen, stellen Sie sich in einer solchen Situation nur vor, dass Sie jetzt ein Werbeschreiben an alle neuen Kunden versenden wollen, dann bleiben die aktuellsten Kunden unberücksichtigt, dann erhält immer noch Einkäufer Müller ein Schreiben, obwohl sein Nachfolger Kratzer vor zwei Wochen extra angerufen hatte, um uns diese Veränderung mitzuteilen.

> **✓ Hier einige Regeln, die Sie beim Aufbau Ihrer Datenbank beachten sollten:**
>
> - Entscheiden Sie sich auf jeden Fall für eine relationale Datenbank.
> - Achten Sie auf eine leicht verständliche Dokumentation.
> - Legen Sie Ihre Grunddaten fest. (Einige Datenbanken liefern hierzu schon hilfreiche Vorschläge, wie z.B. Access von Microsoft oder Act 4.0 von Symantec, die Sie nur Ihren Ansprüchen anpassen müssen; oft ist auch eine Branchensoftware vorhanden, ein gezielter Gang über die Computermesse „CeBit" in Hannover oder „Systems" in München liefert die gewünschten Informationen)
> - Sorgen Sie für einheitliche Feldinhalte. Eine Hilfefunktion für die Eingabefelder, aus der die genauen Inhalte ersichtlich sind, tut hier gute Dienste. Zum Beispiel sollte genau geklärt werden, ob in das Feld Anrede „Herr" oder „Herrn" einzugeben ist. Sinnvoll ist auch ein Branchenschlüssel, der sich am „NACE" (Branchenschlüssel der europäischen Gemeinschaft) orientieren kann.
> - Klären Sie die genauen Zugriffsrechte, z.B. auch, wer berechtigt ist, Daten und Änderungen einzugeben.
> - Sichern Sie, dass Ihre Serienbriefe direkt über die Datenbank gesteuert werden können, ohne dass Sie auf ein gesondertes Programm des Datenbankanbieters zurückgreifen müssen.
> - Klären Sie, ob Ihr EDV-/PC-System den gestellten Ansprüchen im Hinblick auf Speicher- und Arbeitsspeicherkapazität genügt.
> - Klären Sie, ob Ihrem neuen Datenbanksystem nicht „die Luft ausgeht", wenn Sie zukünftige Erweiterungsmöglichkeiten sicherstellen wollen.
> - Klären Sie Fragen der Datenspeicherung (es gibt Systeme, die die eingegebenen Datenänderungen ohne Rückfrage abspeichern – auch versehentlich eingegebene Daten – und somit ein hohes Risiko beinhalten) und der Datensicherung (wünschenswert ist eine automatische Sicherung auf einer zweiten Festplatte oder externem Medium).
> - Klären Sie, ob Sie alle möglichen Abfragen starten und kombinieren können und Ihr Arbeitsspeicher das auch zulässt.
> - Klären Sie, ob Sie professionelle Software zur Optimierung Ihrer Infopost (Infopost-Manager der Deutschen Post) einsetzen können.
> - Klären Sie auch Fragen der Schnittstellen zu anderen Programmen, die mit Ihrer Datenbank kommunizieren müssen (Tabellenkalkulation, Text- und Grafikprogramme, Produktionssteuerung, Provisionsprogramme und Gehaltsabrechnung, Auftragserfassung und Rechnungsschreibung usw.)

So gerüstet dürfte Ihre neue Datenbank auch zukünftigen Ansprüchen gerecht werden.

Empfehlungen

Geeignet für: Alle Unternehmen, ohne Wenn und Aber (gilt als Voraussetzung).

Zeitrahmen: Sehr schnell umsetzbar, wenn die Voraussetzungen und Inhalte samt Verknüpfungen festgelegt sind. Hierfür sollte man aber eine Vorlaufzeit von sechs Monaten bis ein Jahr rechnen.

Kosten: Kosten für die Projektarbeit Ihrer Mitarbeiter/Kosten für die Software mit ca. 500 DM bis 1.500 DM pro Arbeitsplatz bei Einzelplätzen und Netzwerken (evtl. plus Einspielen der alten Daten in die neue Software).

Grundregeln: Koordinieren Sie alle Abteilungen, die auf die Daten zugreifen müssen.

Setzen Sie ein Lösungsteam ein.

Legen Sie die Inhalte, die Verknüpfungen und die Zugriffsrechte fest.

Legen Sie die Berechtigungen für Neuerfassungen und Änderungsdienste fest.

Legen Sie Pflegeanforderungen fest, um Aktualität zu sichern.

Bemessen Sie ausreichend Kapazitäten – auch für zukünftige Aufstockungen.

Überprüfen Sie die Auswertungsmöglichkeiten.

Depot einrichten

Eine Möglichkeit Kunden zu binden ist, die Lieferzeit zu verkürzen, wenn diese für den Kauf entscheidend ist.
Hierfür werden Kundendepots benötigt. Doch inwieweit sind diese sinnvoll?

Viele Unternehmen bauen heute Ihre Depots wieder ab, da ihnen dadurch Mehrkosten gegenüber der Konkurrenz entstehen und beträchtliche Wettbewerbsnachteile einbringen.

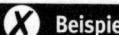 **Beispiel**

Denken Sie an den klassischen Fall der Post, die sich dem Wettbewerb auf dem freien Markt stellen muss und zahlreiche Poststellen geschlossen hat und weiter schließen wird. Keiner Ihrer Wettbewerber erlaubt sich einen derart umfangreichen Service, sondern nutzt alle erdenklichen Möglichkeiten modernster Planungs- und Kommunikationstechnik, um schneller und kostengünstiger anbieten zu können, als die Konkurrenten.

Denken Sie an die Automobilindustrie, die ihre Ersatzteildepots in der Vergangenheit deutlich bereinigt hat. Bei der durch die Modellvielfalt erforderliche Bevorratung an Ersatzteilen ist jedes Depot ein enormer Kostenfaktor. Auch hier werden über die Verbesserung der Logistik Liefernachteile ausgeglichen.

Da der Aufbau eines Depots immer mit erheblichen Kosten verbunden ist, muss sehr wohl überlegt werden, ob sich die Mehrkosten durch die dadurch erzielbare Umsatzsteigerung tragen oder – und dieser Aspekt ist genauso wichtig – ob mögliche Kundenverluste an die Konkurrenz damit vermieden oder aufgefangen werden können. Weder Ihren Kunden, noch Ihnen ist damit gedient, wenn Sie nach dem Errichten von Depots preislich nicht mehr wettbewerbsfähig sind.

Bevor Sie eine solche Lösung anstreben, gilt es daher abzuwägen, ob nicht andere Wege genauso erfolgreich beschritten werden können.

Mögliche Alternativen:

• Sind alle Möglichkeiten, Liefertermine zu verkürzen, ausgeschöpft? (Produktionsplanung, Lagerhaltung, Just-in-time-Belieferung durch eine Spedition)
• Ist ein Depot bei Großhändlern sinnvoll und möglich?
• Kann ein Vertriebspartner die Lagerhaltung und Belieferung übernehmen?
• Kann ein Servicepartner für diese Aufgabe gewonnen werden?
• Rechnet sich die Lagerhaltung bei einem Spediteur oder durch den eigenen Außendienst?

All diese Möglichkeiten sollten Sie vorab durchdenken und berechnen, ehe Sie sich mit dem Thema eines eigenen Depots beschäftigen.

Empfehlungen

Geeignet für: Unternehmen, in denen die kurzfristige Verfügbarkeit kaufentscheidend ist. Das gilt sowohl für die Auslieferung von Aufträgen, als auch für Serviceleistungen.

Zeitrahmen: Je nach räumlicher Anforderung und Entscheidung für eigene Depots (mit Logistik und Installation ca. ein Jahr) oder über Händler (ca. sechs Monate bis ein Jahr, wenn die lagermäßigen Voraussetzungen erst geschaffen werden müssen).

Kosten: Abhängig von den Raum-, Lager-, Personal- und Logistikkosten für das eigene Depot (je nach Produkt ist mit erheblichen Kosten zu rechnen). Bei einem Depot über Händler kommt es darauf an, wer die Warenlager finanziert.

Grundregeln: Sie müssen sich für die eigene Lagerhaltung bzw. für eine Lagerhaltung über Händler oder Spediteure entscheiden.
Bauen Sie die erforderliche Logistik auf.
Beschaffen Sie sich geschultes Personal und geeignete Räumlichkeiten.

D

Direktmarketing

Unter Direktmarketing verstehen wir alle werblichen Aktivitäten, die den Gesprächspartner persönlich ansprechen und diesem eine direkte Response-Möglichkeit (Antwort-Möglichkeit) bieten.

Beispiele hierfür sind das Nachfasstelefonat *(→ Call Center, → Telefon-Aktionen)*, Zeitungsanzeigen mit Antwort-Coupons und Werbeschreiben mit oder ohne Antwort-Coupon, auf die wir hier bei der Kundenbindung gesondert eingehen wollen.

Gerade die Betreuung der Kunden erfordert zahlreiche schriftliche Kontakte, auf die wir in anderen Kapiteln schon hingewiesen haben. *(→ Analyse und Umsetzung der Kundenorientierung)*

✖ Daher hier einige Hinweise zur äußeren Gestaltung von Werbebriefen:

1. Briefkopf
Der Briefkopf wird normalerweise zuerst wahrgenommen, denn der Empfänger interessiert sich zuerst dafür, wer ihm schreibt. Nutzen Sie diese Möglichkeit für eine erste wichtige Botschaft!

Im Briefkopf muss nicht immer Ihr Firmenzeichen stehen. Sie können hier z.B. auch ein Foto einsetzen, mit Name und Funktion des Briefschreibers. Sie können genauso gut auch eine erste Werbeaussage mit Abbildung an dieser Stelle platzieren.

2. Adresse auf dem Briefformular
Besonders bei Kundenanschreiben sollten Sie auf die personalisierte Adresse (Adresse inkl. Name und Position) achten.

Wenn Sie sich (z.B. bei Massendrucksachen) für einen Werbebrief entscheiden, bei dem die Adresse nur auf dem Briefumschlag erscheint, dann nutzen Sie diesen Platz in Ihrem Brief für die bessere Betonung und Gestaltung der Headline (Schlagzeile).

3. Anrede
Wie bei der Adresse, so sollten Sie auch hier personalisiert arbeiten. Es macht immer einen guten Eindruck, den Empfänger persönlich anzureden. Ihre Datenbank *(→ Datenbanken)* ermöglicht dies ohne großen Aufwand.
Wenn Sie Adressen nachträglich in vorgedruckte oder kopierte Briefe einfügen, sollten Sie dringend die gleiche Schriftart verwenden.
Können oder wollen Sie nicht mit namentlicher Anrede arbeiten, so ist die übliche Anrede bei Firmenadressen „Sehr geehrte Damen und Herren", bei privaten Empfängern ist Ihrer Fantasie keine Grenze gesetzt: „Lieber Leser", „Lieber Gartenfreund" usw.

D

4. Brieftext, Gestaltung und Ideensammlung
Texten ist keine ganz leichte Aufgabe, jedoch lösbar, wenn man zu Beginn einer „Texterkarriere" gezielt Werbebriefe aufbewahrt, die Ihre Aufmerksamkeit erregt haben. Eine gezielte Analyse der Textpassagen, die Ihnen besonders gut gefallen haben, kann eine wichtige Hilfe für eigene Formulierungen sein.

Tipps zur Gestaltung des Schriftbilds:
Wählen Sie eine Schriftart, die leicht und schnell lesbar, nicht zu mager und nicht zu klein ist und mindestens Schriftgröße 11 hat.

Machen Sie genügend Absätze, denn mehr als sechs Zeilen bremsen den Lesefluss.

Achten Sie bei langen Worten darauf, dass sie leicht lesbar sind oder vermeiden Sie diese ganz.

Sie können Absätze und Aussagen noch deutlicher herausheben, indem Sie
- Blickfangpunkte verwenden,
- wichtige Wörter unterstreichen (aber nicht sperren und unterstreichen, da diese Funktionen sich optisch aufheben),
- Kennzeichen am Rand anbringen, z.B. handschriftliche, die Sie als Grafik einfügen können,
- Gliederungen mit Zahlen versehen.
All das erhöht die Chance, dass Ihr Brief gelesen wird.

Vergessen Sie nicht, im Text mit Fragezeichen und Ausrufezeichen zu arbeiten, sie lockern auf. Vermeiden Sie Hervorhebungen durch VERSAL-SCHRIFTEN (nur Großbuchstaben), da sie schwer leserlich sind.

5. Grußformel
Ein „Mit freundlichen Grüßen" genügt vollauf, ein Zusatz, wie z.B. „aus dem sonnigen Harz", ist durchaus möglich. Werden Sie aber nicht zu überschwenglich, das wirkt u.U. anbiedernd.

6. Unterschrift
Unterschriften wirken am besten, wenn sie mit blauer Tinte geschrieben sind. Durch das Einfügen von Grafiken können Sie Ihre eingescannte Unterschrift echt wirken lassen. Denkbar ist auch, dass Sie sich Briefbögen drucken lassen, auf denen Ihre Unterschrift in blauer Farbe an einer festgelegten Stelle vorgedruckt ist.

7. PS
Erfahrungswerte zeigen, dass das Postskriptum mit zu den Abschnitten des Werbebriefes gehört, die nach der Headline am schnellsten wahrgenommen und intensiv beachtet werden. Hiermit können Sie Aussagen wiederholen, die Sie nochmals betonen oder her-

ausstellen wollen. Steht also etwas besonders Interessantes im PS, so steigt die Chance, dass Ihr Brief gelesen wird, z.B.

PS: Bitte denken Sie daran: Bis zum 30. September sparen Sie 200 DM!
Übrigens: Alle bisher durchgeführten Seminare wurden mit sehr gut bis ausgezeichnet bewertet!

Nun noch einige Hinweise zur Formulierung von Werbebriefen:

Ein Leser verliert schnell das Interesse an einer Werbebotschaft, wenn Sie nur über sich und Ihre Leistungen sprechen. Auch wenn Sie von Ihrem Angebot noch so überzeugt sind, sollten Sie dem Empfänger die Vorteile bzw. den Nutzen aufzeigen, den er hat, wenn er sich für Ihr Angebot und nicht für das der Konkurrenz entscheidet.
Deswegen beachten Sie die drei entscheidenden Kriterien bei der Formulierung eines Werbebriefs:

1. Stellen Sie den Empfänger und seine Sichtweise in den Vordergrund (Sie-Stil).

2. Ihr Werbebrief ist ein geschriebenes Verkaufsgespräch. Deswegen ist es wichtig, eine dialogische Situation zu erzeugen (Dialog-Stil).
   Ihr Kunde muss durch die Art Ihrer Formulierung so angesprochen werden, dass für ihn beim Lesen ein innerer Dialog mit Ihren Zielen stattfindet und er bewusst oder unbewusst diesen Ausführungen zustimmt.

   Schreiben Sie im „Sie- und Dialog-Stil"

    Beispiel

   Zwei weniger positive Beispiele aus Werbebriefen zum Thema Werbegeschenke:
   „Werbeartikel sind ein wichtiger Bestandteil des Marketing-Mix geworden!" oder
   „Wenn man manchmal selbst Werbegeschenke bekommt, zuckt man doch leicht zusammen. Nur selten ist man überrascht und freut sich über eine neue Idee. Wir von ... bieten Ihnen ... an ...".

   „Sie- bzw. Dialog-Stil":
   *„Geht es **Ihnen** nicht auch so, dass **Sie** immer wieder vor der Frage stehen, welches Präsent für **Ihren** Kunden das richtige ist? Es soll etwas Besonderes sein, nicht zu schlicht, aber auch nicht überzogen teuer ..."*

Sicher haben Sie bemerkt, dass Sie sich bei unserem Vorschlag stärker eingebunden fühlen und dass auch Sie (die entsprechenden Sie-Formulierungen sind hervorgehoben) und Ihre

Interessen deutlicher im Vordergrund stehen. Die ersten beiden Beispiele sind dagegen recht hölzern.

3. Ihr Kunde will wissen, wie er von Ihrem Angebot profitiert (Nutzen-Stil). Überlassen Sie nichts dem Zufall. Die oft anzutreffende Einstellung „über die Vorteile muss der Leser sich doch klar sein, der ist doch nicht blöd", ist im Werbebrief auf jeden Fall falsch.

Sagen Sie einem Kunden nicht nur, dass Ihr Rechner für Schüler leichter zu bedienen ist, sondern auch warum das so ist. Ihre Aussage muss einleuchtend und nachvollziehbar sein:

- Durch die einfache Menüführung und eine eingebaute Formelsammlung kann ein Schüler bei Klassenarbeiten enorm Zeit einsparen.
- Die schwierigsten Rechenarten lassen sich mit diesem Rechner selbst ohne Bedienungsanleitung durchführen.
- Vergleichstests bei Schülern haben ergeben: Über 90% der Schüler haben sich für diesen Rechner entschieden.

Das sind Nutzen und Vorteile für Ihren Kunden, die er auch an die Schüler (seine Kunden) weitergeben kann. Vermeiden Sie also pauschale Aussagen, differenzieren Sie sich gegenüber anderen Anbietern und Produkten.

Schreiben Sie im „Kunden-Nutzen-Stil"

Erfolgreiche Werbebriefe setzen eine gute Idee, viel Übung und noch mehr Geduld mit sich selbst voraus. Auch Profis schütteln gute Werbebriefe nicht aus dem Ärmel. Wenn die Umsetzung all dieser Tipps also nicht gleich klappen sollte, dann können Sie ein entsprechendes Seminar besuchen oder ein Buch zu Rate ziehen. Und wenn die Idee, die Lust oder Geduld zum Texten fehlt, dann kann Ihnen ein guter Werbetexter sicher weiterhelfen.

Empfehlungen

Geeignet für: Alle Unternehmen.
Zeitrahmen: Kurzfristig, d.h. in einem Zeitraum von vier bis sechs Wochen.
Kosten: Kosten der Projektierung (300 bis 1.000 DM über Agentur)/
  Kosten der Umsetzung (Filme und Druck, Kuvertieren) mit einem Richtwert von ca. 1,10 DM/Mailing)/Kosten der Zustellung (Porto für Infobrief/-post oder andere Zustelldienste)
Grundregeln: Erstellen Sie ein klares Marketingkonzept.
  Planen Sie Ihre Mailings regelmäßig, ohne dabei allzu lästig zu werden.
  Beachten Sie die Gestaltungsregeln.
  Planen Sie ein Follow-up.
  Stellen Sie sicher, dass alle Betroffenen in Ihrem Hause informiert sind.
  Führen Sie Erfolgscontrolling durch.

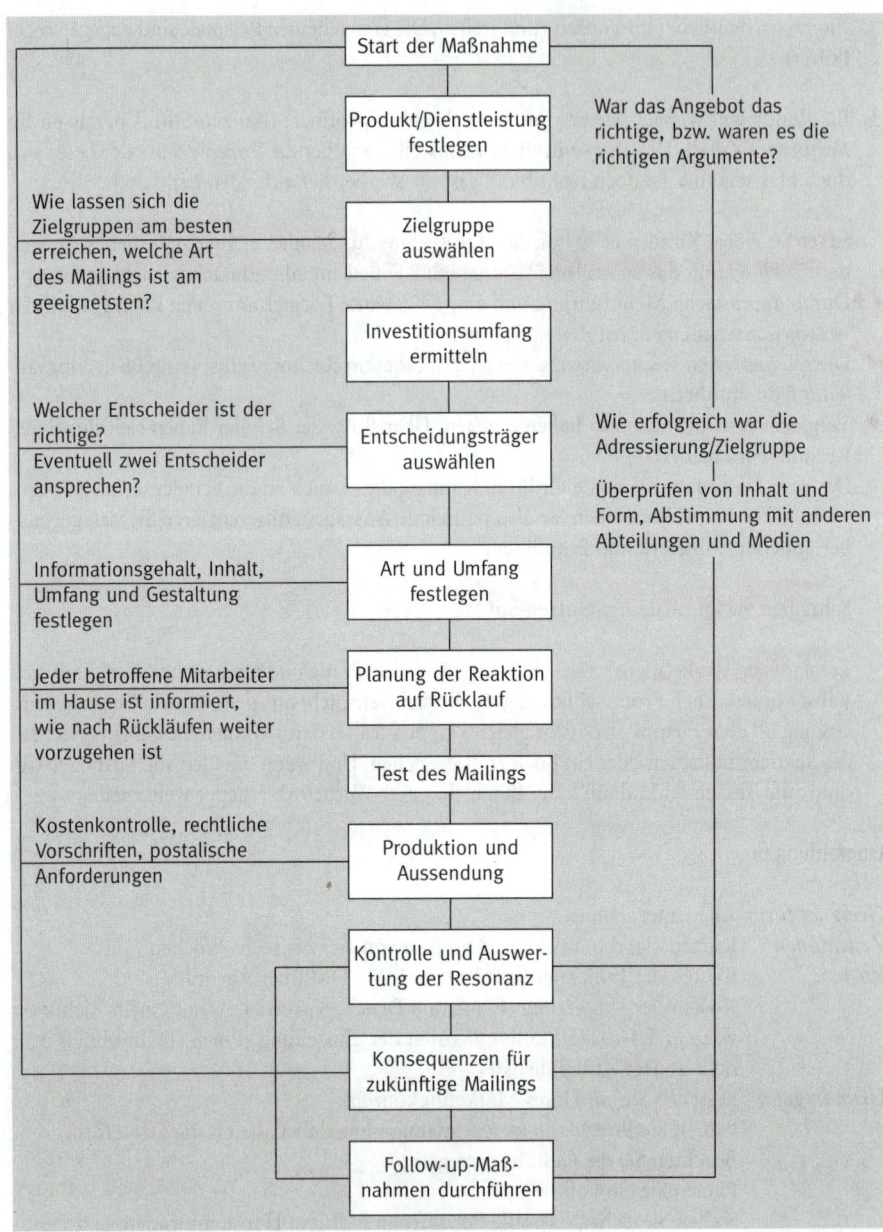

Abb.: Sichere Planung Ihrer Direktwerbe-Kampagne

E

Empfehlungen

Auf den ersten Blick ist die Empfehlung kein Medium der Kundenbindung.

Kein anderer aber, als ein zufriedener Kunde kann Sie und Ihre Lösung besten Gewissens weiterempfehlen.

E

Im Kampf um neue Kunden können Empfehlungen eine große Hilfe sein, denn bereits beim Erstkontakt haben Sie einen Vertrauensbonus, der Ihnen zum Aufbau einer guten Kundenbeziehung und -bindung verhilft. Empfehlungen sind zudem noch kostenlos und es bedarf nur ein paar geschickter Fragen, die Fähigkeit des Zuhörens, Geschick und Mut im Gespräch mit dem Kunden, um diesen an das Unternehmen zu binden.

Nutzen Sie daher die Möglichkeit der Empfehlung auch in Ihrem Unternehmen.

✔ Beachten Sie folgende Tipps:

- Gewöhnen Sie sich an, die Empfehlung grundsätzlich als Bestandteil Ihrer Kundengespräche einzusetzen, besonders dann, wenn Sie ein positives Gespräch führen.

- Achten Sie schon während des Gesprächs darauf, ob der Kunde über andere Personen oder Firmen spricht, mit denen er kooperiert oder die ihm als Zulieferant dienen. Fragen Sie in solchen Fällen, ob er denn empfehlen könne, dass Sie dort auch Ihre Produkte einsetzen sollten, und ob man seinen Namen im Falle des Gesprächs als Referenz angeben darf.

- Lenken Sie das Gespräch bewußt auf Themen wie Erfahrungsaustauschgruppen von Einkäufern (Produktmanagern, Technikern etc., die ihre Erfahrungen mit Kollegen aus anderen Unternehmen austauschen, aber auch Berufsverbände, Marketing-Club, Rotarier etc.) oder Tochter-/Konzernunternehmen, die die gleiche Produktion/Dienstleistung einsetzen.

- Binden Sie auch Ihren Verkaufsinnendienst in eine solche Vorgehensweise ein. Eine entsprechende Sequenz bei einer Telefonschulung ist hier dringend zu empfehlen, damit durch ungeschicktes Vorgehen kein unnötiges Porzellan zerschlagen wird.

- Um die Anzahl der Empfehlungen zu steigern, schreiben Sie Wettbewerbe unter Verkäufern (Wer erhält die meisten Empfehlungen und wie viele Neukunden werden dadurch gewonnen?) und Kunden aus. (→ *Wettbewerbe*)   →

- Auch Referenzbriefe, in denen Ihre Kunden die Zufriedenheit über die Zusammenarbeit mit Ihrem Hause dokumentieren, sind bestens geeignet, sie gleichzeitig mit der Bitte um eine oder mehrere Empfehlungsadressen zu verbinden.

- Gewöhnen Sie sich daher an, die Empfehlung systematisch als Bestandteil Ihrer Kundengespräche zu nutzen.

⊗ Beispiel

Ein mir bekannter Verkäufer der Finanzdienstleistungsbranche nutzt dieses Medium auf ganz interessante Weise. Jeden Morgen liest er zwei Stunden lang die Finanzseiten der namhaften Tageszeitungen und -magazine, um zu sehen, was es an gesetzlichen Veränderungen, an günstigen Abschreibungen oder Anlagemöglichkeiten gibt. Findet er interessante Artikel, sendet er diese seinen Kunden mit einem kurzem Vermerk:

Für Sie gelesen. *„Ich hoffe, der Hinweis nutzt Ihnen bei Ihrer nächsten Investition! Wenn Sie diese Möglichkeit der Steuerersparnis nutzen wollen, informiere ich Sie gern über konkrete Hintergründe."*

Seine Kunden danken es ihm mit einer Empfehlungsquote von nahezu 30%. Solche Erfolge sind sicher eine Überlegung wert. *(→ Beziehungsmanagement)*

Empfehlungen

Geeignet für: Unternehmen, in denen Kunden Beziehungen zu anderen Personen haben, die als mögliche Kunden in Frage kommen.

Zeitrahmen: Sofort, da dies bei jedem Kundenbesuch des Außendienstes und in jedem Kundentelefonat möglich und machbar ist.

Kosten: Keine.

Grundregeln: Trainieren Sie Ihre Mitarbeiter, wo und wie die Empfehlung am besten im Kundengespräch unterzubringen ist.
Suchen und nutzen Sie die Chance in jedem Kundengespräch.

F

Führung

Kundenorientierung kann nicht verordnet, sie muss erfahren und gelebt werden. Für den Erfolg bei der Umsetzung kommt der Führungsrolle und der damit verbundenen Strategie eine erhebliche Bedeutung zu.

Bei der Führung sollten Sie folgende Aspekte beachten:

1. Formulieren Sie die Kundenbindung als Unternehmensziel (→ *Ziele*).
2. Entwickeln Sie Ihre Mitarbeiter zu Kunden-Managern durch ein hohes Maß an Eigenbeteiligung beim Aufspüren von Problemen und Erarbeiten der zur Lösung erforderlichen Maßnahmen.
3. Binden Sie die Kundenbindung schon bei der Rekrutierung neuer Mitarbeiter in das Anforderungsprofil mit ein.

⊗ Beispiel

Machen Sie es daher nicht so wie ein mir bekanntes Unternehmen, bei dem ein Manager die zehn Thesen der Kundenbindung im stillen Kämmerlein erarbeitet hat. Auf meine Vorbehalte der Nichteinbindung von Führungskräften und Mitarbeitern in die Erarbeitung der neuen Richtlinien bekam ich zur Antwort: „Von meinen Managern erwarte ich, dass sie diese mit Ihren Mitarbeitern umsetzen!"

Auf einer Betriebsversammlung wurden dann die zehn Thesen verkündet, große Plakate gedruckt, die in Gängen und Büros aufgehängt wurden. Seit nahezu drei Jahren versucht man nun die Umsetzung bei den Mitarbeitern durch Großveranstaltungen und sich daran anschließenden Workshops zu erreichen. Viel hat sich allerdings noch nicht verändert.

Lassen Sie die Führungskräfte und Mitarbeiter, die den Prozess in Gang bringen sollen, schulen. Lassen Sie diese zu Moderatoren ausbilden oder ziehen Sie zu Beginn des Prozesses einen externen Berater mit ein, der den Prozess moderiert. So klappt die Umsetzung der Kundenbindung am sichersten.

Daher einige Regeln:

1. Schaffen Sie bei Ihren Mitarbeitern das Bewusstsein für die Notwendigkeit der Kundenbindung durch Steigerung der Kundenzufriedenheit.

2. Zeigen Sie Ihren Mitarbeiter auf, warum Sie das Thema Kundenbindung als Unternsmens-ziel akzeptieren und umsetzen müssen.

3. Geben Sie Beispiele, was Kundenbindung bedeutet und was damit erreicht werden soll.

✅ Im Einzelnen heißt das:

- Prüfen Sie, ob Ihre Organisation und die Kommunikation nach innen und außen den Ansprüchen eines kundenorientierten Unternehmens entsprechen (→ *Analyse und Umsetzung der Kundenorientierung*, → *Kunden-Befragungen*).
- Lassen Sie Mitarbeiterteams bilden, die den Problemen in Ihrem Hause auf den Grund gehen (→ *Team*).
- Priorisieren Sie die Ergebnisse der Mitarbeiterteams und lassen Sie Wege zum Abbau der Mängel erarbeiten und über die Teams umsetzen, soweit erforderlich durch Spezialisten-teams (kein zielloser Aktionismus).
- Lassen Sie pro Abteilung Leitsätze (Ziele) und Maßnahmen zur Umsetzung erarbeiten.
- Erkennen Sie Erfolge an:
  - Erkennen Sie Leistungen z.B. als „Kundenleistung des Monats" an.
  - Veröffentlichen Sie Anerkennung durch Kunden und Kollegen, wenn Sie positive Rück-meldung erfahren haben.
  - Erarbeiten Sie Honorierungssysteme in Verbindung mit Zielvereinbarungen (→ *Ziele*)
  - Zeigen Sie Veränderungen auf, die sich bei Kunden-Befragungen und im Rahmen der Kontrolle zur Zielerreichung herausgestellt haben.
  - Sprechen Sie persönlich mit den betroffenen Mitarbeitern und Teams, um Ihre Aner-kennung auszudrücken.
- Schaffen Sie die organisatorischen und technischen Voraussetzungen für die Umsetzung.
- Schaffen Sie Qualitätsrichtlinien (DIN ISO 9000 ff kann in einigen Bereichen, wie Pro-duktion, hilfreich sein, die Flexibilität darf aber nicht leiden und Fragen der Kundenori-entierung blockieren) aber keinen Perfektionismus.
- Schaffen Sie eine Beschwerdestelle für Mitarbeiter und Kunden.
- Geben Sie Ihren Mitarbeitern ausreichend Entscheidungsspielraum im direkten Gespräch mit dem Kunden; Kundenzufriedenheit setzt schnelle Entscheidungen voraus (nach vor-herigem Training im verantwortungsvollem Umgang mit solcher Kompetenz).
- Schaffen Sie ein offenes Kommunikationsklima, tolerieren Sie, dass Fehler (in gewissem Umfang) auftreten können und nutzen Sie diese als Chance zur Veränderung. Damit schaf-fen Sie die Voraussetzungen, um Fehler offen diskutieren zu können (Abbau von Selbst-schutzmaßnahmen) und sichern die für Ihren Erfolg notwendigen Kommunikations-Kanäle (Teambesprechungen und Auswertung von eingehenden Reklamationen und Beschwer-den).
- Behandeln Sie Ihre Mitarbeiter so, wie Sie erwarten, dass diese mit Ihren Kunden um-gehen sollen!
- Entwickeln Sie Ihre Mitarbeiter zu Kunden-Managern.

- Erarbeiten Sie die dazu erforderlichen Trainingsmaßnahmen (eventuell in Verbindung mit einem Trainingsinstitut) in 5 Schritten:
  1. Analyse vor Ort und Testgespräche/-anrufe
  2. Trainingskonzept und Schulung mit Zieldefinition
  3. Transferkontrolle
  4. Refresher-Seminare bzw. Coaching der Mitarbeiter oder Teams
  5. Aufbau von Erfolgsteams, die die Einhaltung und Weiterentwicklung der Kundenbindung verfolgen
- Binden Sie gute Kunden mit ein, die Ihre Leistung regelmäßig bewerten.

❌ Beispiel

Ein Münchener Kaufhaus hat ein Kunden-Parlament eingerichtet. Stammkunden, Familien, alleinstehende Mütter, Singles und Rollstuhlfahrer testen regelmäßig das Kaufhaus und schlagen Veränderungen vor, die von einem eigens dafür eingesetzten Team umgesetzt werden.

Ein Vorschlag dieses Teams, der zur Nachahmung empfehlenswert ist: Spiegel im Personalaufgang mit der Überschrift „So sieht Sie Ihr Kunde".

✔ Checkliste

- Klären Sie schon bei der Einstellung neuer Mitarbeiter, ob die „Einstellung des Bewerbers zur Kundenbindung" den Anforderungen Ihres Unternehmens entspricht.
- Machen Sie die Umsetzung der Kundenbindung zum Vertragsbestandteil bei neuen Mitarbeitern.
- Kontrollieren Sie den Erfolg Ihrer Bemühungen durch Kunden- und Mitarbeiter-Befragungen.
- Schaffen Sie klare und nachvollziehbare Messinstrumente für die Bewertung Ihrer Erfolge: (Verbesserung der Qualität der Produkte und Dienstleistungen, Reduzierung von Reklamationen und Beschwerden, Verkürzen der Beantwortungszeiten von Kunden-Briefen, Reduzierung der Bearbeitungszeiten, Verbesserung der Kommunikation im Kollegenkreis und in Gesprächen mit den Kunden usw.).
- Kontrollieren und begrenzen Sie den personellen und finanziellen Aufwand durch klare Ziele und Maßnahmen, die jeweils budgetiert werden müssen (→ Controlling, → Analyse und Umsetzung der Kundenorientierung).
- Binden Sie Maßnahmen zum betrieblichen Vorschlagswesen mit ein.
- Gehen „Sie" im Mitarbeiter-, Kunden- und Lieferantenkontakt als gutes Beispiel voran.

Empfehlungen

Geeignet für: Alle Unternehmen ohne Ausnahme.
Zeitrahmen: Ein permanenter Prozess, der sich ständig weiterentwickeln muß.
Kosten: Keine.
Grundregeln: Erklären Sie Kundenorientierung zur Unternehmensphilosophie.
Leiten Sie die notwendigen Ziele und Maßnahmen ein.
Überprüfen Sie die Organisation auf ihre Tauglichkeit für eine kundenorientierte Leistungserbringung.
Schaffen Sie eine Führungskultur, bei der auch die Mitarbeiter als Kunden gesehen werden.
Leben Sie bzw. die Vorgesetzten die Kundenorientierung vor.
Trainieren Sie alle Mitarbeiter in kundenorientiertem Verhalten.
Fixieren Sie Verhaltensregeln im Umgang mit dem Kunden als „Service-Leitlinien".
Anerkennen bzw. honorieren Sie Erfolge Ihrer Mitarbeiter.
Veranstalten Sie Feedbackrunden, in denen bestehende Verhaltensmuster auf ihren Erfolg hin überprüft und neue Maßnahmen erarbeitet werden.

G

Großkundengespräche

Mindestens einmal im Jahr sollten Sie Ihre Großkunden persönlich besuchen bzw. einladen, um ein Jahresgespräch mit Ihnen zu führen. Ihr Erfolg als Großkunden-Manager und auch die entsprechenden Erwartungen der Geschäftsleitung sind stark abhängig von Ihrer persönlichen Initiative.

Der Rahmen für Gespräche mit Großkunden ist relativ weit gesteckt und bietet Ihnen die Gelegenheit, einen breiten Themenbereich abzudecken und eine Reihe von Punkten anzusprechen:

1. Allgemeine wirtschaftliche Lage
2. Lage der Branche
3. Zielsetzungen Ihres Kunden
4. Aktivitäten der Konkurrenz
5. Stärken/Schwächen der Konkurrenz
6. Zielsetzung des eigenen Unternehmens

Wenn Sie im Vorfeld Ihrer Kundenakquise gut recherchiert haben, stehen Ihnen bereits viele Informationen zu den oben genannten Punkten zur Verfügung.
Oberstes Ziel der Jahresgespräche ist es, die Kundenbeziehung zu festigen und zu vertiefen und Feedback für das eigene Unternehmen zu bekommen, um daraus den zukünftigen gemeinsamen Kurs festzulegen. Ein Stufenplan soll Sie bei der systematischen/strategischen Vorbereitung auf dieses Ereignis hin unterstützen:

Stufe	Vorgehensstrategie
1	Stärken-/Schwächenanalyse – Formulierung der Problemstellung – Informationssammlung – vorläufige produkt-/großkundenbezogene Ziele
2	Koordination der Ziele
3	Verabschiedung aller Produkt- und Großkunden-Ziele
4	Ziel- und Maßnahmenplanung pro Produkt, nach Gebieten und Kunden
5	Koordination aller Kunden-/Produkt-Ziele und -Maßnahmen
6	Verabschiedung aller Produkt- und Großkunden-Ziele und Maßnahmen
7	Erstellen der kunden- und produktbezogenen Marketing-Konzeption →

Stufe	Vorgehensstrategie
8	Interne Präsentation und Verabschiedung/Anpassung der Konzeptionen
9	Externe Präsentation und Verabschiedung der Konzeptionen
10	Entscheidung über Anpassung an Kundenwünsche und Kontrollplanung
	Umsetzung der Maßnahmen; Durchführung und Kontrolle/Revision

Ein paar hilfreiche Tipps, damit das Jahresgespräch gelingt:

1. Integrieren Sie das Meeting in einen gelockerten, zwanglosen Rahmen wie z.b. gemeinsames Mittag-/Abendessen.
2. Laden Sie alle für Sie wichtigen Entscheidungsträger ein.
3. Planen Sie den Zeitrahmen großzügig und geben Sie ihn den Gesprächspartnern bekannt.
4. Bereiten Sie entsprechendes Zahlen-/Datenmaterial vor, um Ihre Argumentation zu stützen.
5. Lassen Sie Ihren Gesprächspartnern genügend Zeit und Raum für eigene Ausführungen. Setzen Sie gezielt Fragen ein, damit Sie selbst die für Sie wichtigen Informationen wie Zufriedenheit mit dem Unternehmen, eventuelle Schwachpunkte, wie stellt sich Ihr Partner die zukünftige Zusammenarbeit vor, was sind die Zielsetzungen, etc. erhalten.
6. Unterstreichen Sie, dass Ihnen diese Kundenbeziehung am Herzen liegt.
7. Stellen Sie Ihre eigenen Ideen vor, die Zusammenarbeit zu verstärken.
8. Runden Sie das Gespräch mit „privaten" Themen ab.
9. Bedanken Sie sich ein paar Tage später mit einem netten, persönlichen Brief, mit einem kleinen Geschenk (Infos aus Gespräch beachten).
10. Bitten Sie Ihre Kunden um Empfehlungen, Dankschreiben.

✓ Nutzen Sie folgende Checkliste, um die Vorbereitung und Durchführung des Gesprächs optimal zu gestalten:		
Vorbereitende Analyse-Fragen	Bemerkungen/ Antwort erfragen bei:	Termin zur Erledigung
• Welche Produkte bezieht der Kunde regelmäßig? • Sind wir nur „Lückenbüßer", oder wird weitgehend das gesamte Programm abgerufen? • Wie können wir den Umsatz des Kunden fördern? • Welche Aktionen können wir anbieten? • Welche Aktionen hatten in der Vergangenheit Erfolg? • Mit welchen neuen Aktionen könnten wir den Umsatz erhöhen? • Welche Stärken/Schwächen ergeben sich aus der bisherigen Zusammenarbeit und was lässt sich verbessern? • Welche Fragestellungen des Kunden haben höchste Priorität und erfordern Lösungsvorschläge? • Sind Lösungen, die wir bei anderen Kunden durchgeführt haben, umsetzbar? • Haben Sie eine klare Konzeption für den Aufbau und die Durchführung einer Präsentation? • Ist die Präsentationsmappe vollständig und nach einheitlichen Gesichtspunkten aufgebaut? • Wer kann und soll alles Beiträge zu dieser Präsentation beisteuern? (Produktmanagement/ Verkaufsleitung/Erfahrungen anderer Großkunden-/ Marketingmanager) • Haben wir alle Lösungsvorschläge vorher mit den in Frage kommenden Stellen unseres Unternehmens durchgespielt bzw. auf ihre Wirksamkeit hin geprüft? • Fallen dabei möglichst einheitliche Entscheidungen? • Ist sichergestellt, dass Sie alle wesentlichen Informationen anderer Stellen rechtzeitig und vollständig erhalten? • Sind alle wesentlichen Daten/Soll-Ist-Vergleich enthalten?		

G

→

Vorbereitende Analyse-Fragen	Bemerkungen/ Antwort erfragen bei:	Termin zur Erledigung
• Auswertung von Laden- und Verbraucherpreisen? • Ergebnisse von Verkaufsförderungsaktionen • Marktdurchdringung neuer Produkte • Empfohlene Verkaufspreise i.V. mit Einkaufs- preisen, Handelsspannen/DB und Rabatten • DB-Entwicklung/Prod. in unserem Hause • Sonderleistungen unseres Hauses • Beherrschen Sie Ihre Rede (→ Verkaufsgespräche) und setzen Sie alle sinnvollen Medien sowie Ihre Präsentationsmappe ein?		

Empfehlungen

Geeignet für: Unternehmen mit „Schlüsselkunden", d.h. Kunden, die auf Grund ihrer Umsatzgröße einen entscheidenden Anteil zum Ergebnis beitragen.

Zeitrahmen: Die Termine können drei bis vier Wochen vorher vereinbart werden. Die Vorbereitung der Gespräche beansprucht zwei bis drei Tage, je nach Kundengröße. Das Gespräch dauert von zwei bis drei Stunden bis zu einem Tag.

Kosten: Für die Vorbereitung und Durchführung sind die Personalkosten plus eventuelle Bewirtungskosten anzusetzen.

Grundregeln: Klare Terminabsprache mit den Entscheidungsträgern. Bereiten Sie die Gespräche gut vor mit Daten und Anschauungsmaterial. Holen Sie sich Feedback, um noch besser mit dem Kunden zusammenarbeiten zu können.

I

Internetauftritt

Die Frage eines Internetauftritts zur Kundenbindung ist heute oft keine Kann-, sondern oft schon eine Muss-Entscheidung geworden. Immer mehr Unternehmen nutzen das Internet als Informationsinstrument, viele auch schon als schnelles, zeitsparendes, jederzeit verfügbares und unkompliziertes Bestellmedium.

Für viele Unternehmen ist das Internet als Service-Angebot schon nicht mehr wegzudenken. Denken Sie an Software-Updates, die Sie sich direkt übers Netz abrufen können, denken Sie an Informationsforen oder ganz einfach an die Fahrplanauskunft der Bahn. Und diese Beispiele lassen sich zahllos fortsetzen.

Auch wenn Sie dieses Medium noch nicht für wichtig erachten sollten, aufgeschlossene Kunden Ihres Hauses erwarten von einem zukunftsorientierten Unternehmen einen entsprechenden Auftritt.

Der Erfolg Ihrer Internetpräsenz hängt dabei von mehreren Faktoren ab:

• kompetente, aktuelle Information
• strukturiertes Angebot und somit die
• schnell nutzbare Informationen und kurze Zugriffszeiten
• leicht nutzbare Hilfe oder Suchfunktionen
• Hinweise auf Neuheiten
• vergleichbare Angebote
• Interaktivität durch E-Mail
• Verbindungen (Links) zu weiterführenden Informationsquellen (Zeitungen, Vorlieferanten, Berater usw.)
• Datensicherheit für den Internet-Besucher
• Präsenz Ihres Angebots in mehreren Suchmaschinen

✔ Aufbau, Inhalt und Umsetzung einer Internetseite:

1. Entscheiden Sie über den Aufbau der Seite:

• Ist das Erscheinungsbild (Corporate Identy) Ihres Unternehmens durchgängig?
  • Werden Ihre Informationen ständig mit Datum aktualisiert?
  • Sind Ihre Informationen mit Suchregister schnell auffindbar?
  • Denken Sie daran, falls Ihre Informationen über mehrere Seiten gehen, eine Schaltfläche zum Vor- und Zurückblättern einzubauen! →

2. Klären Sie für Ihren Internetauftritt folgende inhaltliche Fragen:

• Welche Informationen sind für meine Kunden von Interesse?
  (Das sollten nicht nur Produktinformationen sein.)
• Welche Informationen können meine Kunden bei der Anwendung zusätzlich unterstützen?
• Sollen alle Informationen kostenfrei oder gegen Berechnung erfolgen?
• Sollen Informationen nur für bestimmte Kunden über einen Zugangscode freigegeben werden?
• Wie treten vergleichbare Unternehmen auf? (Kopieren Sie nicht, sondern grenzen Sie sich ab!)
• Welche Lösungen sind auch auf Ihr Angebot wie übertragbar?

3. Erstellen Sie für die Umsetzung Ihrer Ideen einen Fragenkatalog und erarbeiten Sie anschließend den Anforderungskatalog, der vor allem bei der Ausführung durch externe Anbieter sehr wichtig ist.

• Zeigen Sie in einem Entscheidungsbaum auf, über welchen Weg der Web-Besucher die gewünschten Informationen erlangen kann.
• Klären Sie, wer wann die Aktualisierungen durchführen soll.
• Testen Sie Ihre Lösungen stets im Netz, um Zugriffszeiten abschätzen zu können und denken Sie daran, dass diese auch noch schnell genug sind, wenn Besucher noch langsamere Modems im Einsatz haben.
• Lassen Sie Ihre Web-Seiten von mehreren Kunden testen, damit die oben genannten Punkte sichergestellt sind.

Vorgehensweise für Ihren Internet-Auftritt über externe Anbieter:

• Klären Sie die Gestaltung an Hand der obigen Checkliste.
• Holen Sie sich mehrere Angebote ein und vergleichen Sie.
• Stellen Sie sicher, dass die Programmierung Ihrer Internetseiten auch zukünftigen Anforderungen (erweiterte Ansprüche an Dialogfähigkeit, Hinzufügen weiterer Seiten, Ergänzen oder Erweitern von Tabellen) gerecht wird. Hier kann ein anfänglich höherer Preis auf die Dauer günstiger werden, wenn die gewünschten Ausbaumöglichkeiten gewährleistet sind. Lassen Sie sich das schriftlich bestätigen.
• Die Kosten für einen Internetauftritt sind sehr unterschiedlich. Sie können heute eine Homepage schon unter 1.500 DM erhalten (zzgl. monatliche Gebühren). In letzter Zeit erhalte ich für einen Internetauftritt mit Einstellung von Tabellen schon Angebote um 3.500 DM für bis zu 30 Seiten, einschließlich Pflege. Allerdings liegen mir auch Kostenangebote von über 5.000 bis 15.000 DM vor, wobei es in der Konzeption und Gestaltung wesentliche Unterschiede gibt, natürlich auch bei der Programmierung.

Wer sich dazu entscheiden möchte, seinen Auftritt selbst zu gestalten, der kann sich eine entsprechende Software anschaffen und kommt mit Kosten ab 180 DM aus – plus sehr viel Eigeninitiative. Bei der Auswahl Ihrer Software ist es am besten, wenn Sie die Vergleichstests bekannter PC-Zeitschriften studieren.

Empfehlungen

Geeignet für: Alle Unternehmen.
Zeitrahmen: Kurzfristig möglich.
    Bis zur Installation sollte aber eine Testphase berücksichtigt werden. Daher ist bei einfachen Anforderungen eine Homepage innerhalb weniger Tage möglich, bei größeren Anforderungen, z.B. mit Einbindung einer Datenbank kann dies auch 1 Jahr in Anspruch nehmen.
Kosten: Ab 500 DM für eine einseitige Homepage.
Grundregeln: Beachten Sie, dass der Informationsgehalt für den Kunden im Vordergrund steht.
    Halten Sie das Erscheinungsbild Ihres Unternehmens ein.
    Schaffen Sie eine klare Struktur für den Zugriff auf die unterschiedlichen Seiten.
    Ermöglichen Sie einen schnellen Zugriff auf weitere Informationsseiten und wahren Sie stets Aktualität.
    Bauen Sie Links für Anfragen über E-Mail ein.
    Richten Sie evtl. Diskussionsforen ein.
    Binden Sie Ihre Homepage in Suchkriterien und Suchmaschinen mit ein.
    Stellen Sie durch Tests beim Kunden sicher, dass Anforderungen kundengerecht gelöst sind.

K

Kunden-Befragungen

Um den Erfolg von Maßnahmen zur Kundenbindung messbar zu machen, ist das Wissen um Kundenwünsche und -bedürfnisse zwingend erforderlich.

Neben der Auswertung von Reklamationen und Beschwerden (→ *Reklamationsmanagement*), der Auswertung telefonischer, schriftlicher und persönlicher Kontakte mit Kunden (→ *Beziehungsmanagement*, → *Außendienst*), ist die Kunden-Befragung ein entscheidendes Instrument zur Messung der Kunden(un)zufriedenheit und somit Voraussetzung zur Auswahl geeigneter Maßnahmen, um Kunden länger an das Unternehmen zu binden.

 Beispiel

Ich wurde von einem EDV-Unternehmen gebeten, ein Argumentationstraining für die Sachbearbeiter in der Service-Hotline durchzuführen. Bei einer Befragungsaktion hatten sich die Kunden negativ über die Beratungskompetenz der Mitarbeiter geäußert. Von einer vorherigen Analyse der Telefonate wollte man absehen und lieber nach dem Seminar ein Praxistraining durchführen.

Während des Praxistrainings musste ich allerdings feststellen, dass die Service-Mitarbeiter kompetent waren, aber dass die Terminzusagen unzuverlässig eingehalten wurden.

Die Fragestellung bei der Kunden-Befragung war zu pauschal und unpräzise, wie Sie aus der nachstehenden Auswertung ersehen:

	weniger zufrieden 50%	zufrieden 75%	sehr zufrieden 100%
Begrüßung/Freundlichkeit	21	63	16
Kompetenz der Mitarbeiter	67	30	3
Zufriedenheit mit den Produkten	11	32	57

Beachten Sie daher dringend die Tipps zur Fragestellung, die wir Ihnen weiter unten geben, um die Ergebnisse wirklich aussagefähig zu machen.

Mit den Prozentzahlen unter „weniger zufrieden" bis „sehr zufrieden" bewerten Sie die jeweiligen Nennungen und kommen somit auf folgenden Index:

70,75 für die Begrüßung/Freundlichkeit
$((21 \times 50\%) + (63 \times 75\%) + (16 \times 100\%)) = 10,5 + 47,25 + 16 = 70,75$
69,00 für die Kompetenz der Mitarbeiter
86,50 für die Zufriedenheit mit den Produkten

Diese Kennzahlen verschaffen Ihnen bei größerem Befragungsumfang einen schnellen Überblick, wo dringender Handlungsbedarf besteht.

• Werte unter 75 sind nicht zufriedenstellend und bedürfen einer sofortigen Analyse, Strategie und Umsetzung zur Verbesserung der Kundenbindung,

• Werte bis 80 sind schon ordentlich bis gut, bedürfen aber einer Überprüfung der Konzepte und der Strategien zur Verbesserung,

• Werte über 90 sind gut bis sehr gut, zeigen eine hohe Kundenorientierung, sind aber kein Grund, sich darauf auszuruhen. Auch sie bedürfen einer ständigen Überprüfung und Anpassung an neue Anforderungen, um das hohe Leistungsniveau halten zu können.

Führen Sie diese Befragung gleichzeitig auch bei Ihren Mitarbeitern durch; der Vergleich der Ergebnisse von Unternehmens- und Kundenbild ist sehr aufschlussreich, wie nachfolgende Tabelle zeigt:

	Unternehmensbild	Kundenbild
Begrüßung/Freundlichkeit	85	84
Kompetenz der Mitarbeiter	90	72
Zufriedenheit mit den Produkten	76	42

Diese Ergebnisse sind sicher für manchen Mitarbeiter, aber auch für Vorgesetzte ernüchternd. Viele Mitarbeiter schätzen ihre Leistung nur aus der eigenen Sichtweise heraus und somit viel zu hoch ein.
Diese Ergebnisse zeigen auf, dass Veränderungen notwendig sind und dass Maßnahmen ergriffen werden müssen (→ *Analyse und Umsetzung der Kundenorientierung,* → *Team).*

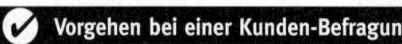

Vorgehen bei einer Kunden-Befragung:

1. Entscheiden Sie, welche Unternehmen Sie befragen möchten.
Sie können eine Befragung für alle Kunden durchführen, Interessenten mit einbinden, nach Kunden- und Zielgruppen differenzieren (→ *Kunden-Klassifizierung*) sowie unterschiedliche Ansprechpartner ein und desselben Unternehmens befragen.

2. Um die Zufriedenheit Ihrer Kunden zu analysieren, sollten Sie auf jeden Fall die folgenden Leistungsmerkmale erfassen:

   • Kundenerwartung für die Zusammenarbeit
   • Zufriedenheitsgrad mit Serviceleistungen
   • Qualität von Produkt und Dienstleistung

   Nur durch gute Werte bei diesen Merkmalen schaffen Sie die Voraussetzung für eine dauerhafte Kundenbindung.

3. Lösen Sie diese Leistungsmerkmale in Unterpunkte auf, die dann als Messlatte für die Bewertung des Erfolgs geeignet sind. Nehmen wir als Beispiel die Qualität der Produkte:

   Qualität und Verarbeitung
   Gebrauch und Weiterverarbeitung
   Bedienung und Handbuch
   Hot-Line und Service vor Ort
   Haltbarkeit und Belastbarkeit usw.

4. Stellen Sie entweder offene Fragen oder bewerten Sie diese mit einer Skala von „weniger zufrieden", „zufrieden", „sehr zufrieden", oder mit 1 bis 5 bzw. 1 bis 10.

5. Variieren Sie die Fragerichtungen, so dass Sie ganz unterschiedlichen Ansprüchen bei der Bewertung gerecht werden, wie Sie an den nachfolgenden Beispielen sehen:
   • Wie zufrieden sind Sie mit der Beratung durch unsere
     Außendienstmitarbeiter,
     Sachbearbeiter im Innendienst,
     Servicemitarbeiter,
     Hot-Line?
   • Wo erwarten Sie sich Verbesserungen bei unserer Beratung durch den Außendienst? ...
   • Sind Sie zufrieden mit der Beratung unseres Außendienstes?
        ja ☐   nein ☐
   • Wenn Sie „nein" angekreuzt haben, was müßten wir verbessern?

6. Erarbeiten Sie nun einen auf Ihre Bedürfnisse zugeschnittenen Fragenkatalog. Wenn möglich, nutzen Sie die auf dem Markt gebotene Software zur Unterstützung bei der Erstellung und Auswertung von Kunden-Befragungen.

Hier nun einige exemplarische Fragen, die Ihnen Anregungen für den eigenen Fragebogen geben sollen:

1) Worauf legen die Kunden bei der Zusammenarbeit mit unserem Unternehmen besonderen Wert?
(Prioritäten müssen aufgeführt und bewertet werden z.b. 1–10)
2) Wie zufrieden sind Sie mit dem Produkt/Service/Preis/der Leistung?
3) Wie gut befriedigt das Produkt/die Dienstleistung Ihre Erwartung?
4) Bei welchem Punkt sind Wettbewerber besser als wir?
5) Welche Kriterien sind für Sie für die weitere Zusammenarbeit mit unserem Unternehmen entscheidend?
6) Würden Sie uns weiterempfehlen?
7) Würden Sie das Produkt weiterempfehlen?
8) Entspricht die Qualität des Produkts Ihren Erwartungen?
9) Wie bewährt sich unser Produkt beim Einsatz in Ihrem Hause?
10) Wie störungsfrei läuft das Produkt?
11) Wie hoch bewerten Sie die Bedienungsfreundlichkeit?
12) Wie sicher ist das Produkt beim Gebrauch?
13) Wie verständlich ist die Gebrauchsanweisung?
14) Wie zufrieden sind Sie mit der Einweisung/Inbetriebnahme?
15) Wie beurteilen Sie das Preis-/Leistungsverhältnis?
16) Werden Sie das Produkt auch zukünftig kaufen?
17) Wie zufrieden sind Sie mit dem Service?
18) Wieviel Prozent Ihres Bedarfs an dieser Produktion decken Sie mit Produkten aus unserem Hause?
19) Wie wird sich der Anteil unserer Produkte am Gesamtbedarf Ihres Unternehmens verändern?
20) Wo erwarten Sie sich Verbesserungen bei unserem Dienstleistungsangebot?
21) Wo erwarten Sie sich Verbesserungen bei unseren Produkten?

Die Befragungen selbst können Sie sowohl schriftlich als auch telefonisch oder persönlich durchführen. Eventuell sind auch Interviews mit Experten eine denkbare Ergänzung oder Alternative.
Am ehrlichsten sind die Antworten, wenn die Erhebung neutral und ohne Nennung des Namens der Firma erfolgen kann.

Wenn Sie wissen wollen, wer welche Antworten gibt, dann können Sie, da das Ausfüllen von Fragebögen oder das Beantworten von Fragen am Telefon immer mit „Zeitaufwand" verbunden ist, das Beantworten mit einer Belohnung verbinden (Gewinne). Die Antwortzahlen (Response) steigen bei diesem Vorgehen ganz beträchtlich, allerdings besteht die Gefahr der Schönfärbung in der Hoffnung auf einen Gewinn.

Meiner Meinung nach ist diese Art der Befragung aber nur dann sinnvoll, wenn Innen- und Außendienst diese Ergebnisse gezielt nacharbeiten, d.h. Gespräche mit Kunden führen und Maßnahmen ergreifen, um eventuelle Missstände abzubauen.

Wenn Sie testen wollen, was für Sie der richtige Weg ist, dann teilen Sie Ihre Befragung in neutrale und namentlich genannte Empfänger und vergleichen Sie die Ergebnisse.

 Kunden-Befragungen sollten Sie in regelmäßigen Abständen durchführen (Jahres- bis Zweijahresabstände). Zwischen mehreren Befragungen muss für Ihre Kunden allerdings erkennbar sein, dass Sie entsprechende Anstrengungen zur Verbesserung der Kundenzufriedenheit unternommen haben.

Kunden-Befragungen sind auch eine Alternative bei der Erfolgssicherung für die Neuenwicklungen von Produkten (→ Controlling). Über die in den Pflichten- oder Lastenheften festgehaltenen Anforderungen für das neu- oder weiterentwickelte Produkt kann eine Kunden- und Interessenten-Befragung weitere Handlungssicherheit bringen.
Dabei gilt es, Fragen über die grundsätzliche Zielrichtung zu formulieren, wie wichtig ein solches Produkt ist, in welchem Umfang es eingesetzt wird (also mögliche Bestellmengen bzw. wieviel Prozent dieses Bedarfs über uns abgedeckt würden) wie wichtig bestimmte Leistungskriterien sind (also was das Produkt alles können muss) und wie der Preis die Einkaufs-/Verkaufschancen beeinflusst.

 Beispiel

Ein Unternehmen, das Geräte zur Qualitätssicherung in der Produktion vertreibt, hat nach einer Befragung des Außendienstes ein Produkt entwickelt, das nahezu alle Messprobleme bewältigen kann. Die „Erfahrungen" des Außendienstes waren ausschlaggebend für den Start der Entwicklung.

Leider wurden die Kunden nicht befragt, ob sie ein so aufwendiges Produkt benötigen würden und ob sie bereit wären, eine nahezu siebenstellige Summe dafür zu zahlen. Die bisher verkauften Stückzahlen blieben weit hinter den Erwartungen zurück. Die Verkaufserlöse sind nach einer Anlaufzeit von drei Jahren zwar kostendeckend, werfen aber weder Gewinne ab, noch decken sie die Entwicklungskosten.

Empfehlungen

Geeignet für: Alle Themen, die die Zusammenarbeit mit Kunden und Mitarbeitern des Unternehmens betreffen.

Zeitrahmen: Für die Ausarbeitung der Fragebögen sollte man sich acht bis zehn Wochen in einem Team Zeit lassen;
Durchführung und Auswertung dauern ca. vier bis sechs Wochen.

Kosten: Neben Mitarbeiterkosten, die Kosten für Druck und Verteilung/Versand.

Grundregeln: Legen Sie das Ziel fest (Was wollen wir erreichen bzw. erfahren oder auf was wollen wir uns ein- bzw. umstellen?).

Erstellen und testen Sie den Fragebogen.

Werten Sie die Aktion aus und geben Sie die Ergebnisse bekannt.

Entscheiden Sie sich für Maßnahmen und priorisieren Sie diese.

Veranlassen Sie Verbesserungen bei Mitarbeitern und in der Organisation.

Kontrollieren Sie die Ergebnisse.

Kunden-Betreuung

Das Wertvollste, was Ihr Unternehmen besitzt, sind Kunden. Sie zu gewinnen heißt, viel Zeit und Geld zu investieren, sie zu verlieren heißt, sich Fehler eingestehen zu müssen.

Das bedeutet nicht nur Geld zu verlieren, sondern auch noch mehr Geld in die Gewinnung von Ersatzkunden zu investieren. Um einen Ersatz- oder Neukunden zu gewinnen, benötigen Sie zumindest drei Interessenten und um aus Werbekunden Interessenten zu machen, ergibt sich ein Erfahrungswert von 10 bis 30 Unternehmen, die angesprochen werden müssen.

Das bedeutet, dass Sie für einen Neukunden 30 bis 90 Unternehmen ansprechen müssen. Außendienstbesuche, Präsentationen, Angebote erstellen und nachfassen ist erforderlich. Viel Zeit, in der noch kein Neukunde gewonnen wurde, sondern nur ein Ersatz für den verlorenen Kunden und Zeit, die für die Betreuung von bestehenden Kunden verlorengeht.

Wenn Sie sich das für Ihr Unternehmen durchrechnen, werden Sie schnell feststellen, dass nahezu jede Kundenbindungsmaßnahme kostengünstiger ist, als einen Bestandskunden zu verlieren. Vorausgesetzt, der Kunde erwirtschaftet einen ausreichenden Ertrag *(→ Kunden-Wert)*.

Voraussetzung für eine erfolgreiche Kunden-Betreuung ist eine aussagekräftige *→ Datenbank*. Je größer Ihr Kundenstamm ist, desto wichtiger ist eine gut strukturierte Kundendatei über PC.

Hier nun einige Informationen, die zum **Standard Ihrer Kundendatei** gehören sollten, wenn sie Ihre Kunden ausreichend betreuen möchten:

Geburtstage, Jubiläen, Hobbies, Vorlieben, bevorzugte Interessen und Fachzeitungen, Kontakte zu anderen Entscheidern im Unternehmen und zu Entscheidern in anderen Unternehmen. Wenn die Bekanntschaft noch persönlicher wird, dann auch Urlaubsorte und Termine, evtl. die Privatadresse.

Ergänzend sollten die **Interessenbereiche der Entscheider** erfasst werden können: Wissensbereiche wie Literatur, Kultur, Mitgliedschaften

Aus diesen Informationen lassen sich schon erste kostengünstige Betreuungsmaßnahmen ableiten. Das kann eine nette Karte, ein Fax oder E-Mail zum Geburtstag sein, das kann aber auch ein Ausschnitt aus einer Fachzeitung sein nach dem Motto „Für Sie gelesen".

Auch das Erscheinen bei überbetrieblichen Veranstaltungen, um den Kontakt zum Entscheider zu intensivieren kann ein erfolgreicher Weg sein. Aber Vorsicht: Solche Kontakte sind nur dann glaubhaft und erfolgreich, wenn Sie sich hier als kompetenter Gesprächs- oder Diskussionspartner qualifizieren.

⊗ Beispiele

• Ein Verkäufer, der seine Produkte an Hersteller für Heizungsanlagen verkauft, engagiert sich sehr bei der Weiterentwicklung und Verbesserung des Nutzungsgrads von Heizungsanlagen. Er sucht immer wieder das Gespräch mit der Entwicklungsabteilung, spürt Reklamationen auf, die beim Endkunden entstehen und erarbeitet Lösungen für seine Abnehmer. So hat er das Vertrauen namhafter Hersteller gewonnen und wird dort frühzeitig in die Entwicklung neuer Produkte und Technologien eingebunden. Damit sichert er seinem Unternehmen die Erstaufträge zu guten Konditionen, ist in der Entwicklung stets vorne mit dabei und wird als kompetenter Gesprächspartner gesucht.

• Ein mittelständischer Unternehmer in der Automobilzulieferindustrie informierte sich bei Werksbesichtigungen immer wieder über Montage- und Kostenprobleme bei der Fließ- oder Bandarbeit. Durch geschickte Nutzung seines Know-hows schaffte er es immer wieder Lösungen zu finden, die seinem Kunden schwierige und zeitintensive Arbeitsgänge ersparten und so seine Position als Zulieferer dauerhaft gefestigt haben.

✓ Vorgehen bei der Intensivierung der Kunden-Betreuung:

• Interessieren Sie sich für den Nutzen, den Ihre Produkte beim Kunden erzielen.
• Versuchen Sie herauszufinden, mit welchen Markt-, Produkt- und Wettbewerbsproblemen Ihr Kunde zu kämpfen hat.
• Informieren Sie sich, in welcher Richtung sich die Zusammenarbeit in den kommenden zwei bis drei Jahren entwickeln soll? Bei manchen Lieferanten kam das böse Erwachen erst, als wichtige Kunden plötzlich auf den Einsatz der Produkte ganz verzichtet haben.
• Versuchen Sie, in die Entwicklung neuer Produkte mit einbezogen zu werden oder Anregungen dazu zu geben.
• Zeigen Sie deutlich auf, dass Sie den Kunden bei seinen Zielen unterstützen wollen.
• Vergessen Sie nicht, sich rückzuversichern, wie zufrieden Ihr Kunde mit Ihren Produkten und Leistungen ist.

Weitere Methoden zur Kunden-Betreuung finden Sie unter → *Beziehungsmanagement,* → *Kunden-Clubs,* → *Kunden-Karten,* → *Schulungen,* → *Kunden-Veranstaltungen,* → *Kunden-Zeitschriften,* → *Messen,* → *Produktentwicklung,* → *Service,* → *Telefon-Aktion.*

Empfehlungen

Geeignet für: Alle Unternehmen.

Zeitrahmen: Kurzfristig.

Kosten: Es bedarf nur offener Augen und Ohren für Probleme, die der Kunde im Umgang mit den eigenen Produkten oder Dienstleistungen hat. Erst wenn es um die Weiterentwicklung dieser gewonnen Einsichten geht, fallen Kosten an.

Grundregeln: Betreuen ist billiger und effektiver, als Neukunden zu gewinnen.

Interessieren Sie sich für die Belange des Kunden, insbesondere um die Verbesserung seines Angebots. Hören Sie gut zu und analysieren Sie.

Zeigen Sie die Bereitschaft, Zeit zur Diskussion über Verbesserungsmöglichkeiten zu haben.

Unterbreiten Sie Ihre eigenen Gedanken und Vorschläge für den Kunden, wo bessere Lösungen mit Ihrem Angebot machbar sind (aber keine Besserwisserei).

Rückversichern Sie sich beim Kunden, ob die Maßnahmen/Vorschläge zum Erfolg geführt haben.

Kunden-Clubs

Viele Unternehmen haben in den letzten Jahren versucht, durch Kunden-Clubs Kunden an ihr Unternehmen zu binden. Durch „Erlebniswerbung" versprach man sich, dass Kunden positive Erlebnisse auch auf das Unternehmen übertragen werden und somit eine langfristige Kundenbindung entstehen könnte.

Am Anfang war daher auch eine wahre Euphorie zu beobachten. Zwischenzeitlich haben sich selbst namhafte Unternehmen von diesen Kunden-Clubs wieder verabschiedet.

⊗ Beispiel

Ich selbst hatte bei einem namhaften Softwarehersteller als Stammkunde mit einem Service-Gutscheinheft angefangen, später wurde eine Kunden-Karte daraus, die mir gewisse Vorteile garantierte.

Die nächste Stufe war dann ein Advantage-Kunden-Club. Das Gefühl jemand Besonderes zu sein, einem exclusiven Club anzugehören, betreut zu werden, kam aber nicht auf, da das Unternehmen nie den Kontakt zu mir gesucht hat.

Es gab keine Zufriedenheitsbefragungen, keine Mailings, keine Anwendermeetings, die den Kontakt hätten vertiefen können. Da half auch nicht die regelmäßig erscheinende Kundenzeitung mit Tipps und Tricks rund um die hauseigene Software.

Diese Art und Weise ist zu steril für den Aufbau einer Lieferanten-Kunden-Beziehung und zu wenig für eine dauerhafte Kundenbindung. Deswegen war ich nicht traurig, als dieser Kunden-Club ersatzlos vom Markt verschwunden ist.

K

Gründe für die nachlassende Euphorie sind leicht auszumachen. Kunden-Clubs kosten viel Zeit, erfordern eine intensive Organisation, eine funktionierende Kommunikation und – selbst bei der Erhebung von Jahresbeiträgen – auch viel Geld.

Im Bundesdurchschnitt fallen pro Mitglied Nettokosten von über 50 DM an. Bei durchschnittlich 5.000 Mitgliedern pro Kunden-Club summiert sich das auf Beträge von über 250.000 DM.

Wer sich als mittelständisches Unternehmen mit dem Gedanken eines Kunden-Clubs trägt und nicht von 5.000 Mitgliedern ausgehen kann, muss mit erheblich höheren Kosten pro Mitglied rechnen. Da sollte man schon überlegen, ob die gewünschten Ziele nicht auch mit einer → *Kunden-Karte* und gezielten Mailings zu bestimmten Themen oder Veranstaltungen zu erreichen sind.

**Wer den Gedanken des Kunden-Clubs trotzdem umsetzen möchte,
sollte vorab folgende Überlegungen anstellen:**

1. Überlegen Sie sich, wen Sie in den Genuss dieser Leistung bringen möchten.

2. Begrenzen Sie Kunden-Clubs auf ein überschaubares Maß. Erarbeiten Sie ein klares Konzept, wie Sie diese Kundengruppe über Jahre hinweg bei der Stange halten können. Orientieren Sie Ihre Aktivitäten immer am Nutzen Ihrer Kunden und an Ihrer Absicht, die Kunden länger an Ihr Unternehmen zu binden. Eine Vorab-Befragung der Kunden nach deren Erwartungen ist dabei sicher hilfreich.

3. Wichtig für Ihren Erfolg ist außerdem, ein gut durchdachtes Marketing-, Organisations-, Kommunikations- und Finanzierungskonzept zu haben.

Hier einige Beispiele, was Sie Ihren Kunden anbieten könnten:
- Laden Sie Kunden vorab zur Präsentation von Neuheiten ein.
- Bieten Sie besondere Schulungen an.
- Schaffen Sie Informationsmedien *(→ Kunden-Zeitschriften)*, die den Kunden einen Wettbewerbsvorteil verschaffen können.
- Bieten Sie Veranstaltungen und Foren mit Erlebnisbereichen, in die auch der Lebenspartner des Kunden eingebunden werden kann.
- Bieten Sie Forschungsreisen an.
- Nutzen Sie Verbands- und Sponsorenveranstaltungen (Musik, Kultur, Sport), um mit Ihren Kunden in gesellschaftlichen Kontakt zu kommen.
- Gehen Sie aktiv auf Kunden zu durch telefonische Information und Betreuung.
- Bieten Sie VIP-Lounges während der Messen.
- Schreiben Sie Preise aus für besondere Kundenleistungen wie z.B. die Gewinnung neuer Mitglieder, Verbesserungsvorschläge, Erreichen von Umsätzen/Bestellmengen oder Unterstützung durch Beiträge für die Clubzeitung.

Wichtig für den Club-Gedanken ist immer die Unterstützung eines bestimmten Ziels (Automobil-Club, Club für richtige Ernährung, Club für Leidgenossen aller Art, Marketing-Club etc.), eines Produkts mit ideellem Wert (Liebhaber von bestimmten Getränken, Automobilen, Briefmarken etc.), einer Dienstleistung oder eines Hobbys (Reise-, Musik-, Kultur-, Sport-Club) oder einer Person oder Zielgruppe (Fan-Clubs, VIP-Clubs) mit emotional hoher Bindung.

4. Klären Sie vor der Errichtung eines Kunden-Clubs folgende Fragen:

- Formulieren Sie das Ziel, das Sie langfristig erreichen wollen.
- Soll es ein offener (jeder, der Interesse hat, kann Mitglied werden und somit ist eine hohe

Mitgliederzahl erreichbar) oder geschlossener Club (nur bestimmte Personen oder Personengruppen werden aufgenommen, so dass keine Außenstehenden Zugang haben – Unterstützung des Elite-Gedankens) oder beides nebeneinander sein?

- Wie viele Mitglieder darf der Club haben?
- Sollen Mitgliedsbeiträge erhoben werden?
- Welche Ausstattung, Organisation und Personaldecke ist erforderlich?
- Vergessen Sie die Infrastruktur nicht.
- Klären Sie, wie die Vermarktung erfolgen soll.
- Durchdenken Sie die Antragsbearbeitung.
- Klären Sie, wie Buchungen und Aufträge ablaufen sollen.
- Soll der direkte Dialog mit den Mitgliedern eigenständig oder über eine Agentur bewältigt werden?
- Klären Sie die Kommunikationswege: Mailingaktivitäten, Telefonservice, Club-Zeitschrift, Freundschaftswerbung usw.
- Wie sieht es mit der Erreichbarkeit bzw. den Öffnungszeiten aus?
- Bieten Sie Anreize und Konzepte, mit denen Sie sich von der Konkurrenz abheben.
- Planen Sie Incentive-Aktionen (Aktionen für besondere Leistungen wie z.B. Ergebnisse, die eine bestimmte Anzahl an Mitgliedern erreicht hat).
- Veranstalten Sie Events (Erlebnisveranstaltungen).
- Achten Sie auf Kostendeckung.

Ihr Aufwand rechnet sich nur, wenn Ihr Konzept stimmt!

Empfehlungen

Geeignet für: Unternehmen, deren Produkte einen hohen emotionalen Wert haben oder wenn sich Mitglieder zu einem ausgewählten Kreis zugehörig fühlen können.

Zeitrahmen: Erfolgreiche Konzepte erfordern intensive Vorbereitung (ca. 1 Jahr).

Kosten: Ab 50 DM pro Mitglied, für mittelständische Unternehmen mit kleineren Mitgliederzahlen aber weit höher;
sehr hoch, da personalintensiv.

Grundregeln: Erarbeiten Sie ein gutes Konzept.
Klären Sie die Kommunikationskanäle.
Sichern Sie stets Ansprech- und Betreuungsmöglichkeiten für die Mitglieder.
Schaffen Sie Anreize, um die Mitgliedschaft „begehrlich" zu machen.
Legen Sie ein detailliertes Budget fest.
Berücksichtigen Sie den hohen Betreuungs- und Organisationsaufwand.

Kunden-Karten

Kunden-Karten haben von ihrem Gedankengut her eine weitläufige Verwandtschaft mit den alten „Rabattmarkenheftchen". Sie sollen die Kunden dazu bewegen, immer wieder beim gleichen Händler einzukaufen. Am erfolgreichsten eingesetzt werden sie bei Lebensmittel- und Schuhgeschäften, Super- und Baumärkten, Buch-Clubs, Hotels, Tankstellen etc. Für die meisten anderen Unternehmensarten (vorwiegend produzierendes Gewerbe) ist der VIP-Club eine denkbare Alternative *(→ Kunden-Clubs)* zur Kundenbindung.

In den 70er Jahren wurden sie wegen ihrer ertragssenkenden Begleiterscheinung weitgehend abgeschafft, doch heute gibt es sie wieder bei unterschiedlichen Versand-, Blumen- und Einzelhändlern, bei Buch-Clubs oder bei der Tankstelle für die Autowäsche. Auch die Rewe-Märkte haben die „Sammelkarte von Treue-Punkten" nostalgisch wiederentdeckt.

Doch die neue Form der Kunden-Karte ist aus Plastik, mit Magnetstreifen und bietet wesentlich mehr Vorteile. Gelockt wird zwar auch hier i.d.R. mit 3 Prozent Kundenskonto oder mit Kreditlinien, die den Einkauf vereinfachen. Darüber hinaus gibt die Kunden-Karte dem Händler auch Aufschluss über seine Kunden. Wer kauft wieviel? Was wird gekauft? Wer sind meine größten Kunden? So kann auf diese Weise sehr gezielt Kundenmarketing betrieben werden.

 Welche Kriterien sind zu beachten, um diese recht einfache Methode der Kundenbindung- und -gewinnung zu nutzen?

- Technische Ausstattung
  Die erste Voraussetzung ist, dass Sie über die erforderliche technische Ausstattung verfügen, die es selten unter 10.000 DM zu haben gibt. Dazu gehört ein entsprechendes Kassensystem und im Hintergrund die Möglichkeit der Datenverarbeitung und -auswertung.

- Nutzenorientierung
  Für Ihren Kunden muss immer ein unmittelbarer Nutzen erkennbar sein, ganz besonders, wenn er für seine Kunden-Karte einen Jahres- oder Monatsbeitrag bezahlen soll. Eine Analyse der gewünschten Kundenleistungen sollte vorab durch eine *→ Kunden-Befragung* erfolgen.

- Aufmachung der Karte
  Sie sollte für die Zielgruppe eine gewisse Animation darstellen und daher grafisch geschickt und ansprechend gestaltet werden.

- Organisation und Systemeinbindung
  Schon vor der Einführung sollte klar sein, welches Ziel beim Einsatz der Karte verfolgt

wird; nur so schaffen Sie die erforderlichen Voraussetzungen, wie Technik, Werbung und Auswertungsprogramme. Gerade bei einer Rabatt- oder Bonuskarte ist wichtig, dass der Kunde die Wertigkeit spürt und erkennt, welche individuellen Vorteile ihm der Besitz der Karte bringt. Außerdem könnte ihm der Besitz der Karte Zugang zu bestimmten Informationen oder ein kleines Geschenk oder eine zusätzliche Losnummer für eine bevorstehende Verlosung ermöglichen.

- Schulung der Mitarbeiter
  Auch die Mitarbeiter müssen ausführlich mit dem Sinn und Zweck dieser Maßnahme vertraut gemacht werden. Sie sollen einerseits neue Karten an den Mann oder die Frau bringen und andererseits den organisatorischen Umgang problemlos beherrschen (→ *Schulungen*).

- Rabatt- und Bonussysteme
  Der Kunde erhält gleich beim Einkauf einen Nachlass (Rabatt) von bis zu 3% oder am Jahresende einen entsprechenden Bonus in Form von Gutschriften, Sachwerten oder Bargeld.

- Vorteilsclubs
  VIP-Karten (Very important Persons) und Mehrwert- bzw. Vorzugskarten (Begrüßungsgeschenke, besonders bevorzugte Bedienung, vorrangige Behandlung, besonderer Lieferservice) werten den Inhaber auf und schaffen eine emotionale Belohnung. Man ist nicht irgendjemand, sondern Mitglied eines geschlossenen Zirkels.

K

Wer Kunden-Karten nutzt, um die Kunden zu belohnen, ihnen Mehrwert zu bieten oder die emotionale Bindung zu intensivieren, kann nach neuesten Untersuchungen nicht nur mit erheblich geringeren Kundenabwanderungen rechnen, sondern auch mit einer Zunahme an Neukunden.

Empfehlungen

Geeignet für: Unternehmen, die Kunden durch die Ausgabe der Kunden-Karte und der damit verbundenen Vorteile, wie Kundenkonto oder Einräumen einer Kreditlinie stärker an ihr Unternehmen binden wollen und über die Kundenkarte mehr Informationen über das Kaufverhalten von Kunden erfahren wollen.

Zeitrahmen: Größter Zeitbedarf für das Schaffen der organisatorischen Voraussetzungen und die Auswahl des Kassensystems. Ein Jahr gilt es daher für diese Phase (Organisation, Auswahl und Aufbau der Datenbank, Auswertungssystematik, Planung von systematischen Werbeaktivitäten, Auswahl des EDV- oder Kassensystems) inkl. Einweisung der Mitarbeiter einzukalkulieren.

Kosten: Sicher lässt sich ein Kunden-Kartensystem schnell und kostengünstig in Form des altbekannten Rabattkartensystems einführen, doch dann geht die Chance einer systematischen Auswertung verloren. Wer aber Kaufgewohnheiten von Kunden, Kaufhäufigkeit und Umsätze verfolgen will, um seine Werbeaktivitäten, aber auch seinen Einkauf zu optimieren, sollte sich für ein entsprechendes EDV-System mit passender Software entscheiden. Hier beginnen die zu veranschlagenden Kosten knapp unter 10.000 DM.

Grundregeln: Erarbeiten Sie ein klares Konzept für die zu erreichenden Ziele.

Schaffen Sie die technischen und organisatorischen Voraussetzungen.

Informieren und schulen Sie Ihre Mitarbeiter.

Nutzen Sie die Auswertungen der Kunden-Aktivitäten für individuelle Angebote, Werbebriefe oder Informationen.

Kunden-Klassifizierung

„Generell ist bei uns jeder Kunde König, ob Klein- oder Großkunde!" antwortete ein Seminarteilnehmer auf die Frage, welche Bewertungskriterien er bei der Klassifizierung seiner Kunden einsetzt. Das soll natürlich auch zukünftig so bleiben. Die Frage ist nur, können wir jedem Kunden die gleiche Zeit an Aufmerksamkeit zukommen lassen, oder sollten wir die Zeitbudgets des Außendienstes nicht erfolgsorientierter steuern? Wie geht das überhaupt, erfolgsorientiert zu steuern?

Sicher, es ist bequem, wenn man im Außendienst seine Zeit frei einteilen kann, wenn man sich keine Gedanken über ertragsorientierte Kunden- und Tourenplanung machen muss, wenn man seine Aufträge „abholen" und nette Gespräche mit Kunden führen kann und das Auftragsvolumen so groß ist, dass man sich keine Sorgen zu machen braucht. Nur, Hand aufs Herz, wer fragt sich heute als Unternehmer nicht, zumindest insgeheim, ob man bei dem einen oder anderen Kunden nicht noch mehr Aufträge schreiben könnte oder ob nicht noch weitere Kunden hätten gewonnen werden können. Wie kann man das gezielter steuern?

Die Kunden-Klassifizierung ist hierfür ein bekanntes, aber in ihrer ursprünglichen Form nicht mehr ganz zeitgemäßes Instrument. Die Entwicklung ist fortgeschritten und hat sich den neuen Anforderungen an modernes Außendienstmanagement angepasst. Zeiten, in denen der bei der ABC-Klassifizierung (wobei A-Kunden die höchste Klassifizierungsstufe darstellen) erzielte Umsatz als Messlatte ausreichte, sind lange vorbei.

ABC- oder Kunden-Klassifizierung muss heute in Bezug zum → *Kunden-Wert*, den für den Kunden aufgewandten Betreuungsmaßnahmen und der damit verbundenen Betreuungszeit (durch Innen- und Außendienst) gesehen werden. Ihre Aktivitäten mit und für Kunden müssen den modernen Marketing-Anforderungen (→ *Controlling*) nach positivem Ertrag Stand halten.

 Beziehen Sie daher die nachfolgend genannten Punkte in Ihre Klassifizierung mit ein:

- Kundenpotential
  - Welche möglichen Umsätze lassen sich bei diesem Kunden unter Berücksichtigung der Marktsituation, den Kundengegebenheiten und dem Einsatz an Zeit in einer Zeitachse von drei evtl. fünf Jahren realisieren. Eine Einschätzung, die der Außendienst durch seine Kundenkenntnis oder einem Gespräch vor Ort treffen kann.

Hinzu können, je nach Unternehmen, weitere Punkte kommen wie:

- Bedeutung des Kunden am Markt
  a) Unternehmensgröße im Vergleich zu anderen Anbietern
  b) Meinungsführer der Branche, also Unternehmen, an deren Know-how sich andere orientieren
- Anzahl der georderten Produkte aus dem eigenen Sortiment
- Bonität

- zu erzielende Preise bzw. Deckungsbeiträge (DB)
- Orderhäufigkeit
- Zeitaufwand in der Betreuung
- Inanspruchnahme von Serviceleistungen
- Sonderanfertigungen

Vorgehensweise für die Kunden-Klassifizierung:

1. Nehmen Sie die nachfolgende Aufzählung als Anregung und erarbeiten Sie Kriterien, die für Ihr Unternehmen ausschlaggebend sind. Beschränken Sie sich hierbei auf max. fünf bis sieben Kriterien. Das Umsatzpotential ist bei der Auswahl der Klassifizierungskriterien aber ein Muss!

2. Wie setzen Sie solche Kriterien für die Kunden-Bewertung am besten um?
- Entscheiden Sie sich zuerst für Ihre individuellen Kriterien (siehe Tabelle 1).
- Suchen Sie nach Variablen, die Ihre Kriterien bestimmen (siehe Tabelle 1 z.B. „Anzahl der Bestellungen" für das Kriterium „Orderwertigkeit").
- Gewichten Sie die einzelnen Variablen in Bezug auf das Oberkriterium (siehe Tabelle 1: Die Variablen „Unternehmensgröße" und „Meinungsführer" beeinflussen zu gleichen Teilen [50%] die „Bedeutung des Kunden am Markt".).

Kriteriengewichtung für eine Kunden-Klassifizierung (KD = Kunde)			
Kriterien	Einzelwertung der Unterpunkte	Anteil an KD-Wertigkeit Gesamt	Punktezahl Gesamt
Umsatzpotential (kann noch nach Produkten oder Produktgruppen unterteilt werden)		70%	
Bedeutung des Kunden am Markt • Unternehmensgröße • Meinungsführer	50% 50%	15%	
Orderwertigkeit • Anzahl Bestellungen • Auftragshöhe/Bestellung	20% 80%	15%	

Tabelle 1

Die im Schema gewichteten Kriterien sind nun mit den konkreten Werten des einzelnen Kunden zu ergänzen. Dazu erfolgt eine Punktevergabe wie sie im Folgenden dargestellt ist:

• Umsatzpotential: Umsatz ist immer eine Größe, die sich aus der Zusammenarbeit in der Vergangenheit ergeben hat und nicht zwangsläu   uch in der Zukunft so eintreten wird. Er sagt nichts über mögliche Potentiale aus, die bei einem Kunden noch schlummern können. Entscheiden Sie sich daher bei der ABC-Klassifizierung für Umsatzpotentiale!

Umsatzpotential von		bis DM/Euro	Punkte
1	–	20.000	5
20.001	–	50.000	15
50.001	–	150.000	30
150.001	–	500.000	50
500.001	–	1.000.000	70
über		1.000.000	100

• Bedeutung des Kunden am Markt:
– *Unternehmensgröße* können Sie nach Mitarbeitern oder Umsatzgröße kategorisieren, ähnlich, wie Sie das bei der Potentialgröße gesehen haben.
– *Meinungsführer* (z.B. technische oder kaufmännische Führerschaft im Vergleich zu anderen Unternehmen); hier genügen 3 Kategorien:

bedeutend	100	Punkte
wichtig	50	Punkte
unwichtig	0	Punkte

• Orderwertigkeit
– *Anzahl Bestellungen*

1–5	15	Punkte
6–10	40	Punkte
11–20	70	Punkte
über 20	100	Punkte

– *Auftragshöhe/Bestellung*

Beispiel für die Ermittlung der Wertigkeit pro Bestellung:

Wertigkeit pro Bestellung		Punkte
bis DM	5.000	10
bis DM	20.000	30
bis DM	40.000	50
bis DM	100.000	70
bis DM	250.000	100

Ich verdeutliche Ihnen das am besten an einem beispielhaften Kunden:

❌ Beispiel für eine Kunden-Klassifizierung

1) Umsatzpotential

1,5 Millionen DM	100 Punkte

2) Bedeutung des Kunden am Markt

Unternehmensgröße = 500 Mitarbeiter	70 Punkte
Meinungsführer: unwichtig, namenlos	0 Punkte

3) Orderwertigkeit

Anzahl Bestellungen = 7	40 Punkte
(als Ø der letzten beiden Jahre)	
Ø Auftragshöhe = 100 TDM =	70 Punkte
(als Ø der letzten beiden Jahre)	

umgesetzt in unserem Schema auf S. 88 ergibt das:

Kriterien	Einzelwertung der Unterpunkte	Anteil an Wertigkeit	Punktezahl Gesamt
Umsatzpotential (kann noch nach Produkten oder Produktgruppen unterteilt werden)	100 Punkte 0 × 50%	70%	70,00
Bedeutung des Kunden im Markt • Unternehmensgröße • Meinungsführer	 70 × 50% 0 × 50%	15% 35 Punkte	5,25
Orderhäufigkeit • Anzahl Bestellungen • Auftragshöhe/Bestellung	 40 × 20% 70 × 80%	15% 8 Punkte 56 Punkte	9,60
Summe			84,85
Klassifizierung			B

Tabelle 2

Die Abstufung Ihrer ABC-Kunden stimmen Sie auf Ihre individuellen Bedürfnisse im Unternehmen ab. Zum Beispiel:

unter	50 Punkte		= Kundenklasse D
über	50 Punkte bis	70 Punkte	= Kundenklasse C
über	70 Punkte bis	90 Punkte	= Kundenklasse B
über	90 Punkte bis	100 Punkte	= Kundenklasse A

Ausnahmen von diesen Kategorien sollten Sie zulassen, wenn z.b. die Bedeutung des Kunden für die Umsatzentwicklung anderer Kunden eine hohe Wertstufe hat. Hier kann es durchaus sein, dass der Kunde im Rahmen der Bewertung zwar eine C- Kategorie erreicht, aber bei der Betreuungsintensität in die A- Kategorie eingebunden wird. Für diese und andere Ausnahmen sehen sie in Ihrer Datenbank eine entsprechende Kennung vor.

3. Für die Betreuung der A- bis C-Kunden legen Sie im letzten Schritt fest, welche Maßnahmen vorgesehen sind. Bei der A-Kategorie erarbeiten Sie auf jeden Fall sehr individuelle Betreuungsprogramme (auf jeden Kunden abgestimmt). *(→ Aufbau eines Kundenbindungssystems, → Bestandskundenpflege, → Beziehungsmanagement, → Kunden-Betreuung, → Kunden-Clubs, → Kunden-Veranstaltungen)* Kunden der D- und E-Kategorie werden auf Messen eingeladen und nur auf besonderer Anforderung noch persönlich besucht. Ansonsten erfolgt die Betreuung über den Innendienst bzw. das Call Center *(→ Call Center)*

Empfehlungen

Geeignet für: Unternehmen, die die Voraussetzung für ein ziel- und ergebnisorientiertes Betreuen von Kunden schaffen möchten.

Zeitrahmen: Innerhalb von vier Wochen, wenn die technischen und organisatorischen Voraussetzungen (EDV, Bewertungskriterien, Datenbank) vorhanden sind. Hinzu kommt noch der Informations- und Schulungsbedarf bei den Mitarbeitern, für den man nochmals 2 bis 3 Wochen veranschlagen sollte. Wenn diese Voraussetzungen erst geschaffen werden müssen und die Bewertungskriterien erst über den Außendienst oder beim Kunden erfragt werden müssen, dann sollten Sie mindestens ein Jahr für die Umstellung einkalkulieren.

Kosten: Kosten für Soft- und Hardware, Aufbau oder Umstellung der Datenbank. Da diese Voraussetzungen in den meisten Unternehmen vorhanden sind, beschränken sich die Kosten meist auf den Zeitbedarf für die Konzeption der Datenbank, die Umstellung der Datenbank, das Einholen der erforderlichen Informationen über den Außendienst – evtl. über ein Call-Center –, die Auswertung und das Konzept für die darauf aufbauende Kunden-Betreuung. Sinnvoll und wichtig ist auf jeden Fall eine zwei- bis dreitägige Schulung des Innen- und Außendienstes (ca. 10.000 DM über externe Trainer)

Grundregeln: Betreuen Sie Ihre Kunden nicht nach dem Gießkannenprinzip.

Teilen Sie Ihre Kunden nach ABC ein, wobei hier das Umsatzpotential ausschlaggebend ist, nicht der getätigte Umsatz.

Führen Sie ein → *Controlling* über Ihr Berichtswesen durch, um festzustellen, dass die durchgeführten Aktivitäten auch den gewünschten Erfolg bringen.

Kunden-Veranstaltungen

Welche Vorteile bieten Kunden-Veranstaltungen?
Der wichtigste ist der persönliche Kontakt, bei dem sich die Menschen besser kennen lernen. Die Beziehungen zwischen Mitarbeitern und Kunden können vertieft werden. Sie sprechen bei einer Veranstaltung viele Personen auf einmal an und schaffen einen „Mehrwert", der über die reine Produkt-/Dienstleistungsschiene hinausgeht. Bei regelmäßigen Veranstaltungen heben Sie sich positiv von den Wettbewerbern ab und Sie bieten Ihren Kunden Information, Unterstützung und/oder Spaß und Unterhaltung.

Die Möglichkeiten für Kunden-Veranstaltungen sind nahezu unbegrenzt. Der Finanzdienstleister holt sich Steuerexperten, Fondsfachleute, die Vorträge halten. Das Internet-Dienstleistungsunternehmen veranstaltet ein Golfturnier. Der Gourmet-Tempel organisiert eine Reise in ein Weinanbaugebiet. Die Kundenakademie eines Sanitär-Handwerkbetriebs schult seine Kunden in Betriebs- und Mitarbeiterführung und handwerksspezifischem Verkaufen, um nur ein paar Beispiele zu nennen.

Ziel all dieser Veranstaltungen ist es, ein Beziehungssystem aufzubauen. Eine Aktion pro Jahr reicht dazu nicht aus. Deshalb müssen Sie eine Jahresplanung für Ihr Aktionsprogramm machen (Welche Aktion für welchen Monat und für welche Zielgruppe). *(→ Kunden-Clubs)*

Beachten Sie dabei Folgendes:

Mögliche Aktionen:
Tag der offenen Tür (wenn für Ihre Produkte, Ihre Produktionsverfahren bei einer Zielgruppe – z.B. Kunden – oder in der Öffentlichkeit größeres Interesse besteht, wenn Sie neue Produktionsanlagen oder Ihr neues Bürogebäude vorstellen wollen, dann gilt es die entsprechenden Unternehmensteile auf Hochglanz zu bringen, Mitarbeiter auszuwählen und auszubilden, die das Publikum herumführen und Fragen der Besucher beantworten bzw. eine richtige Führung veranstalten; da gilt es für ausreichend Publizität zu sorgen für die Veranstaltung durch Zeitungsanzeigen oder individuelle Einladungen an die Zielgruppe), Expertenforum (evtl. auch in Verbindung mit dem Tag der offenen Tür oder einer Messe/Hausmesse), Messe, Hausmesse mit Neuproduktvorstellung, Kunden-Zeitschrift, Sommerfest, das „besondere" Seminar etc.

Zielgruppen:
Kunden, Interessenten, Neukunden, Empfehlungsgeber, Meinungsbildner, Kooperationspartner, Lieferanten u.v.a.

Einladungsmöglichkeiten:
Mailing, Fax-Aktion, Telefonate, persönliche Besuche etc.

Organisation der Veranstaltung
1. Wer soll eingeladen werden (vgl. Zielgruppen)?
2. Zeitpunkt und Dauer der Veranstaltung
3. Wer von den Mitarbeitern nimmt teil?
4. Wer sind die Hauptakteure (externe bieten mehr Glaubwürdigkeit)
5. Nachbearbeitung der Kontakte

Die wichtigsten Ziele von Kunden-Veranstaltungen sind Kundenzufriedenheit, Sympathie, attraktives Programm, Vertrauensaufbau und Profilierung. Das Umsetzen dieser Ziele kann den Mitarbeitern nicht verordnet oder befohlen werden, sie müssen gelebt und Bestandteil Ihrer Unternehmenskultur werden.

Eine spezielle Form der Kunden-Veranstaltungen sind Events. Nach dem Motto „Man muss aus dem Rahmen fallen" werden Events wie Fun-Touren, Modenschauen, Rallys etc. immer häufiger für Produktpräsentationen eingesetzt. Die klassische Werbung wird so individuell erlebbar und in einem eher freizeitorientierten Umfeld präsentiert. Events sind aber auch teuer und aufwendig. Die Begeisterung der Teilnehmer ist meist groß, die Erfolgsmessung von Events recht problematisch. Trotzdem prognostizieren Eventagenturen und deren Kunden einen deutlichen Zuwachs bei dieser Veranstaltungsform. Nach einer aktuellen Studie will jedes zehnte Unternehmen, das bereits Eventerfahrungen hat, seine Aktivitäten in diesem Bereich um 20 bis 50 Prozent steigern!

Empfehlungen

Geeignet für: Unternehmen, die den direkten Bezug zu Ihren Kunden verstärken wollen.

Zeitrahmen: Die Veranstaltungen sollten über mehrere Jahre laufen, damit eine Kontinuität entsteht. Einmal-Veranstaltungen verpuffen sehr schnell.

Kosten: Für ein sinnvolles Jahresprogramm brauchen Sie ein Budget im fünfstelligen Bereich.

Grundregeln: Der Aufbau der Beziehungen muss gewollt sein, die Mitarbeiter müssen mitziehen. Sie setzen mit Ihren Veranstaltungen Standards, die Ihre Kunden dann von Ihnen erwarten. Es ist schwer, dieses Niveau wieder zu senken, ohne Fragen, Unverständnis, Enttäuschung hervorzurufen.

Kunden-Wert

Der Wettbewerb um Kundenmärkte wird immer härter und die Gewinne geraten dabei – häufig durch den damit verbundenen Preiskampf – immer stärker unter Druck. Die Frage der richtigen Investition in Marketing- und Werbebudgets gewinnt dadurch – vor allem für den Mittelstand – an Bedeutung. Aber wo, wie und in welchen Kunden investieren? Die Mittel gleichmäßig zu verteilen würde bedeuten, gute Kunden, aus deren Erträge die Investitionen getätigt werden, würden die schlechten mitfinanzieren.

Der Ertragswert von Kunden oder auch Zielgruppen, eventuell sogar Abteilungen, wird daher immer wichtiger für den gezielten Erfolg und Einsatz von Werbebudgets.

Für die Unternehmensleitung heißt das, Maßstäbe zu finden, die eindeutige Aussagen zum Kunden-Wert zulassen. Dazu kann nicht nur der gegenwärtige Umsatz herangezogen werden, wie dies häufig bei einer ABC-Analyse getan wird *(→ Kunden-Klassifizierung)*, sondern es müssen auch andere Faktoren, wie die Umsatzwahrscheinlichkeit in der Zukunft Berücksichtigung finden.

K

Auch wenn das Thema Kunden-Wert in aller Munde ist, hat es in den meisten Unternehmen noch keinen Einzug gefunden. Sicher sind Sie schon auf dem richtigen Weg, wenn Sie sich an unsere Vorgehensweise zur Kunden-Klassifizierung gehalten haben.

Der Kunden-Wert ist aber mehr, als die ABC-Analyse leisten kann, denn diese gibt uns keinerlei Aufschluss über die Rentabilität eines Kunden. Und genau um die Ermittlung der Rentabilität einer Kundenbeziehung geht es beim Kunden-Wert.

Vorgehensweise zur Ermittlung des Kunden-Werts:

• Es geht um die Frage, ob Kunden entsprechend ihrem wahren Wert für Ihr Unternehmen beworben und betreut werden. Dazu gehören auch Informationen, die der Kunde Ihnen bezüglich der Angebotsverbesserung, Optimierung des Service-Angebots während der zahlreichen Gespräche mit dem Innen- und Außendienst gibt.

• Wichtig ist, dass diese Informationen systematisch erfasst und entsprechende Aktivitäten eingeleitet werden. Das erfordert von Ihren Mitarbeitern, dass sie in den täglichen Gesprächen, den Beschwerden oder den Reklamationen gelernt haben, diese Informationen herauszufiltern, auch wenn der Kunde ein noch so großer Querulant sein sollte.

Denken Sie daran: Einen unzufriedenen Kunden können Sie sich leicht zum Feind machen, der neue Verbindungen verhindert, ohne dass Sie wissen, wer oder was dahinter steckt.

- Lassen Sie auch bei der Auftragsannahme systematisch nachfragen, auf welche Produkt- und Angebotsleistungen der Kunde besonderen Wert legt, oder wie er auf Sie aufmerksam geworden ist. Sie verfügen so über weitere wichtige Informationen, die das Bild des Kunden-Werts verbessern.

- Stellen Sie sicher, dass diese Informationen an die richtigen Ansprechpartner weitergeleitet werden, damit die erforderlichen Veränderungen veranlasst, mit dem Kunden besprochen und umgesetzt werden. Wichtig ist, dass Ihr Kunde erkennt, dass Sie seine Informationen ernst nehmen. Kunden, die so behandelt werden, bewerten auch die Zusammenarbeit mit Ihrem Unternehmen positiv und können somit zu wichtigen Fürsprechern bei Unternehmen oder Verbrauchern werden. All dies zu erfassen und zu verwerten, setzt eine entsprechende Datenbank, ein passendes Berichtswesen und → *Controlling* voraus.

- Die Aufwendungen (Investitionen in neue Lösungen, verbesserte Betreuung) und Erträge (Mehrumsätze, Neugewinnung von Kunden aufgrund der Veränderung, Empfehlungskunden etc.) bewerten Sie nach DM/Euro oder mit Wertpunkten und ermitteln durch Gegenüberstellung den Kunden-Wert.

- Ein nächster Schritt ist, das Verhalten der Kunden zu prognostizieren. Die an alle Kunden und Neukunden zu stellende Frage nach den Erwartungen für die zukünftige Zusammenarbeit kann erste Aufschlüsse für Prognosen geben. Für die weiteren Prognosen ist ein neuer Kauf um so wahrscheinlicher, je kürzer der Abstand zwischen den einzelnen Auftragserteilungen ist. Hohe durchschnittliche Auftragswerte lassen auf neue hohe Auftragswerte schließen. Abzustimmen sind solche Planzahlen mit dem Außendienst, da dieser seine Kunden konkreter einschätzen kann.

- Korrekturen bei den Prognosen sind angebracht, wenn Sie in Ihrer Datenbank erkennen, dass sich Reklamationen oder Beschwerden häufen, die Sie nicht zufriedenstellend beantworten konnten. Die Umsatzwahrscheinlichkeit sinkt dann entsprechend.

So schließt sich über den Kunden-Wert, die dadurch ausgelösten gezielten Investitionen und den engeren Kontakt zum Kunden der Kreislauf zur Kundenbindung.

Hier nur einige klassische Beispiele für Bewertungsfragen und -methoden:

1. Kundenloyalität
- Welche Bedeutung hat der Kunde für unser Unternehmen?
- Wie lange ist er schon Kunde?
- Welche Empfehlungen wurden für unser Haus ausgesprochen/wie spricht der Kunde über unser Unternehmen in der Öffentlichkeit?
- Steht er uns als Referenzkunde zur Verfügung?
- Wie intensiv arbeitet er bisher mit uns zusammen?

- Wie hoch ist das mögliche Abnahmevolumen des Kunden für alle Lieferanten des entsprechenden Produkts oder der Dienstleistung im Vergleich zu der bei uns bezogenen Menge?
- Wie bewertet der Einkäufer unser Unternehmen/unsere Produkte im Vergleich zur Konkurrenz (Prioritäten erkennen!)?
- Wie hoch kann das Umsatz-/Absatzpotential geschätzt werden, das in einem Zeitraum von x erwartet wird?
- Wie groß ist die Wertigkeit und der Anteil unserer Produkte/Dienstleistungen an dem vom Kunden vertriebenen Produkt/Dienstleistung?

⊗ Beispiel

Je höher die ermittelte Loyalität, desto geringer ist das Investitionsrisiko und desto mehr können Sie in diesen Kunden an Werbung und Service investieren. Die Bewertung erfolgt nach Punkten.

Zum Beispiel: Jedes aktive Kaufjahr als Kunde = 1 Punkt; wenn der Kunde als Referenz zur Verfügung stand = 2 Punkte/je Referenz; pro 10 Prozent Umsatzanteil an dem Einkaufsvolumen für das jeweilige Produkt = 1 Punkt; ...

K

2. Kundenpotential-Analyse
- Welche Deckungsbeiträge hat der Kunde bisher erwirtschaftet?
Bewertung des Kaufrhythmus, des Umsatzanteils an den unterschiedlichen Produktgruppen aus unserem Sortiment und der getätigten Durchschnittsumsätze nach DM/Euro oder individuell erarbeitetem Pluspunktesystem; Berücksichtigung der Entwicklung der Geschäftsbeziehung bis zum heutigen Tage und für die Zukunft.

- Diesen DM-/Euro-Werten oder Pluspunkten werden die Investitionen in Werbung, Service, Entwicklung, Außendienstbetreuung oder Kulanzleistungen als Kosten oder Minuspunkte gegenübergestellt. Je höher die verbleibenden Erträge/Pluspunkte sind, desto höher kann auch die zukünftige Investition in die Zusammenarbeit mit diesem Kunden sein.

Darüber hinaus sind weitere, für die Ertragsentwicklung und Ziele Ihres Unternehmens wichtige Faktoren zu berücksichtigen wie z.B. Bonität, Ausnutzen von Konditionen, Verhalten bei Reklamationen, geografische Nähe/Transportwege usw.

3. Portfolio-Analyse
- Ziel ist die Ermittlung der Attraktivität der Kunden im Hinblick auf ihre Marktstellung. Ist die Marktstellung des Kunden hoch, der Umsatz und Wettbewerbsanteil (Lieferanteil im Vergleich zu anderen Unternehmen) im mittleren bis starken Bereich – und sind ausreichend Einkaufsvolumen bzw. positive Signale des Entscheiders für die Erweiterung der Zusammenarbeit vorhanden –, lohnen sich Investitionen in diesen Kunden (siehe Position 3 und 5 in folgender Abbildung). Wenn beide Faktoren schwach sind, dann sollte man auf die Weiterentwicklung – eventuell sogar ganz auf diesen Kunden – verzichten (Position 1).

Kundenattraktivität

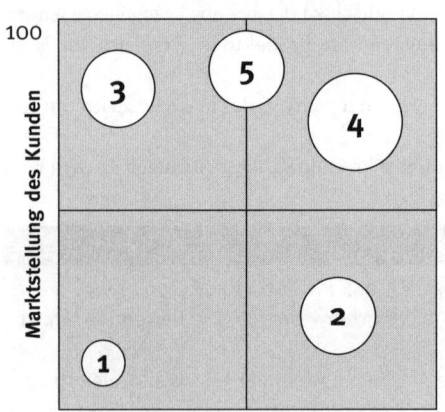

o   **Anteil Einkaufsvolumen gemessen am** 100
    Gesamt-Einkaufs-Volumen des Kunden

Portfolio-Analyse

1 = insgesamt geringe Kundenatraktivität

2 = gute Ausschöpfung bei geringer Marktstellung. Zusätzliche Investitionen nur begrenzt erfolgsversprechend, da bereits 70 Prozent des Einkaufsvolumens des Kunden ausgeschöpft sind.

3 = geringe Ausschöpfung trotz hoher Marktstellung. Hohes Einkaufspotential. Eine Investition kann interessant sein, setzt allerdings hohes Engagement und entsprechende Zukunftsaussichten voraus. Eine dritte Dimension (hier z.b. Umsatz oder Ertrag) könnte einen weiteren Hinweis geben.

4 = hohe Ausschöpfung, hohe Marktstellung, zusätzliche Investitionen werden das Einkaufsvolumen nicht mehr entscheidend verändern. Aber Investitionen, abgestimmt auf den Kundenertrag in Verbindung mit den Kundenerwartungen, sind zur Kundensicherung erforderlich.

5 = mittlere Ausschöpfung bei hoher Marktstellung. Eine Investition lohnt sich, wie bei 3.

Die Kunden-Wertermittlung ist keine Methode, sondern Voraussetzung unternehmerischen Denkens. Sie

• dient der Investitionsplanung in Kunden, um einen Wettbewerbsvorsprung zu erreichen/sichern!

• dient der Erfolgsmessung von Investitionen, die in eine Kundenbeziehung geflossen sind und deren Nutzen nachvollziehbar sein muss (Kundenattraktivität).

• dient der zielgerichteten Ertragssteuerung im Kundenmanagement, das ein entsprechendes Berichtswesen und -system erfordert.

• ist keine Wunderwaffe und keine Garantie für eine dauerhafte Kundenbeziehung, aber die Voraussetzung dazu!

Empfehlungen

Geeignet für: Alle Unternehmen, die ihre Aktivitäten auf rentable und zukunftsträchtige Kunden oder Kundengruppen bündeln wollen, um damit eine gezielte Umsatzsteigerung zu erreichen.

Zeitrahmen: Die Umstellung der Mitarbeiter auf diese Denk- und Vorgehensweise erfordert erfahrungsgemäß den höchsten Zeitbedarf. Die Entscheidung und das Schaffen der technischen Voraussetzungen deckt sich mit den Angaben bei der Kunden-Klassifizierung. Kalkulieren Sie hier mindestens drei Schulungstage ein und viel Zeit für Besprechungen und Betreuungsarbeit von Mitarbeitern während der Umstellungsphase.

Kosten: Mit der Einführung und Umsetzung des Arbeitens nach Kunden-Wert ist ein hoher Zeitaufwand verbunden, der durch eigene Mitarbeiter und Teamarbeit abgedeckt werden kann. Daher hält sich der Kostenrahmen, bis auf den erforderlichen Schulungsbedarf (ab ca. 10.000 DM) im Rahmen.

Grundregeln: Legen Sie Richtlinien fest, um den Kunden-Wert zu bestimmen.

Sie sollten die Erwartungen Ihrer Kunden kennen und in Aktivitäten entsprechend des Kunden-Werts umsetzen.

Legen Sie ein Budget pro Kunde oder Kundengruppe fest, durch das im Voraus festgelegte Ziele erreicht werden sollen.

Legen Sie die nach Kunden-Wert abgestuften Kontakte mit dem Kunden fest.

Vereinbaren Sie Ziele mit Ihren Kunden.

Führen Sie Controllingmaßnahmen durch, die den Erfolg über ein Berichtswesen und die Ergebnisse mit Budgetzielen vergleichen lassen *(→ Controlling)*.

Kunden-Zeitschriften

Wie der → *Kunden-Club* ist auch eine hauseigene Kunden-Zeitschrift eine zeit- und kostenintensive Angelegenheit. Während Sie den Kunden-Brief (siehe weiter unten) durchaus selbst oder über Ihre Werbe- oder Marketingabteilung formulieren und erstellen können, sollten Sie Ihre Kunden-Zeitschrift am besten von oder mit Profis erstellen lassen. Wofür Sie sich letzten Endes entscheiden, wird immer eine Kostenfrage bleiben (siehe Tabelle am Schluss dieses Artikels).

Wir alle kennen solche Kunden-Zeitschriften, wobei die bekannteste die ADAC Motorwelt mit einer Auflage von über zwölf Millionen Exemplaren ist. Aber auch andere Organisationen wie Bäcker, Metzger, Apotheker oder Drogisten legen für ihre Kunden eine solche Zeitschrift in ihren Geschäften aus. Ihr Wert ist unbestritten, denn wer von uns hat noch keine dieser Exemplare mit nach Hause gebracht. Darüber hinaus sprechen die Auflagen der oben genannten Beispiele für sich.

Sicher sind Auflagenzahlen, wie sie die Kunden-Zeitschriften der oben genannten Unternehmen aufweisen, für mittelständische Unternehmen Utopien. Aber auch viele mittelständische Unternehmen erstellen Kunden-Zeitschriften. Oft sind hohe technische Anforderungen an die Anwender, die Komplexität der Einsatzbereiche oder wissenschaftlicher Anspruch der Auslöser, solche Medien für Kunden herauszugeben. Auf den Umfang Ihrer Zeitschrift kommt es dabei gar nicht so an, sondern auf den Inhalt, der für den Erfolg entscheidend ist.

> ✔ **Nachfolgend Ihr Themenplan für die Erstellung Ihrer Kunden-Zeitschrift:**
>
> 1. Was wollen Sie veröffentlichen?
>   Erstellen Sie hier vorab eine Übersicht über die Themen, die für die Zielgruppe in Frage kommen, wie
>
> 2. An wen geht die Zeitschrift?
>   Das können Techniker, Entwickler, Produktionsleiter, Marketing- oder Verkaufsleiter, Einkäufer oder Geschäftsführer sein.
>
> 3. Wie wollen Sie die Inhalte aufmachen und gestalten?
>   Optik, Länge, Grafik, sollen Fremd- und Eigenanzeigen, evtl. zur Finanzierung der Zeitschrift zugelassen werden usw.

Entscheidend ist, Ihre Informationen unterstützen Ihre Kunden dabei, erfolgreicher zu sein; aber auch der Unterhaltungswert spielt eine nicht zu unterschätzende Rolle. Auch hier sollte eine Kunden-Befragung als hilfreiche Unterstützung dienen.

Auf keinen Fall sollte Ihre Zeitschrift zu einem Organ der Selbstbeweihräucherung entarten. Auch hier steht der Nutzen und das Interesse der Kunden im Vordergrund.

Hierfür kommen alle Betätigungsfelder unternehmerischer Aktivitäten sowie spezielle Aktivitäten Ihres Unternehmens, soweit sie für den Kunden von Bedeutung sind, in Betracht.

In den meisten Fällen empfiehlt sich aus Kostengründen ein Kunden-Brief oder eine Faxinformation. Diese Informationsform hat trotz der kostengünstigen Erstellung und Durchführung entscheidende Vorteile, denn Sie können so bestimmte Informationen sehr viel gezielter an ausgesuchte Empfänger senden. Voraussetzung ist, dass Sie Ihre → *Datenbanken* entsprechend aufgebaut haben.

Auch wenn der überwiegende Teil Ihrer Ansprechpartner sich bei Fragen an Sie wenden wird, sollten Sie trotzdem die Gelegenheit eines Antwortcoupons oder den Hinweis auf Ihre telefonische Unterstützung und Beratung nutzen. Denken Sie auch daran, Ihre Informationen ins Internet einzustellen, und weisen Sie immer wieder auf Ihre unterschiedlichen Informations- und Betreuungsquellen hin. Je besser Ihr Kunde mit Ihrem System der Kommunikation vertraut ist, desto höher wird der Grad der Bindung an Ihr Unternehmen sein.

K

✔ Hier einige Schritte zur erfolgreichen Planung von Kunden-Zeitungen:

- Legen Sie die Häufigkeit und den Erscheinungstermin fest:
  4 × pro Jahr (Februar, Mai, August, November) oder nur zu bestimmten Anlässen

- Mögliche Anlässe sind:
  Neue Produkte/Technologien – „Für Sie gelesen" – Tests/Ergebnisse – Veränderungen im Hause – Erfahrungen anderer Kunden – Erfolgstipps

- Planen Sie Termine und Sitzungen mit ein:
  15.01./04./07./10. Redaktionssitzung
  28.01./04./07./10. Grafische Gestaltung
  31.01./04./07./10. Versand/Faxaktion
  01.02. bis 05.02. Telefonische Nachfassaktion
  01.05. bis 05.05.   „   „
  01.08. bis 05.08.   „   „
  01.11. bis 05.11.   „   „
  08.02./05./08./11. Auswertung der Aktion

- Bestimmen Sie die beteiligten Stellen:
  Entwicklung – Verkaufsleitung – Marketing – Kundendienstleitung – Schulungsleitung

**Die vergleichende Kostenübersicht soll Ihnen für Ihre Planung eine
Kalkulationsbasis bieten:**

	Konzeption, Inhalt, Grafik und Gestaltung über eine Agentur	Druckkosten bei einer Auflage von 1.000 Stück
Mailing/Kunden-information; 1 Seite	500–1.000 DM	500–700 DM
Kunden-Brief; 4 Seiten	3.500–5.000 DM	700–1.000 DM
Kunden-Zeitschrift; 16 Seiten	7.500–15.000 DM	3.000–5.000 DM

Die Kosten können, je nach Größe und Namen der Agentur, wesentlich voneinander abweichen. Das gilt auch für die Druckpreise, die sich durch ein Nord-Südgefälle ganz erheblich voneinander unterscheiden können.

Empfehlungen

Geeignet für: Alle Unternehmen.
Zeitrahmen: Pro Ausgabe sollte man vier bis fünf Redaktionstage einkalkulieren, die sich, je nach Engagement des dafür eingerichteten Teams, auf zwei bis drei Monate verteilen.
Kosten: Sehr niedrig bei Kunden-Informationen bis sehr teuer bei Kunden-Zeitungen; ab 1.000 DM bis über 30.000 DM.
Grundregeln: Sie sollten ein klares Redaktionskonzept haben.
Wählen Sie die Verfasser der Artikel aus.
Halten Sie den Zeitplan durch festgelegte Termine ein. Wählen Sie die Zielgruppen aus.
Kontrollieren Sie die Wirkung beim Kunden.

L

Leistungserbringung

1. Die Leistung Ihrer Mitarbeiter

Ziel der Leistungserbringung ist es, dass Ihre Mitarbeiter lernen, unternehmerisch zu denken und zu handeln. Dabei muss man sicher nicht gleich zu so harten Mitteln greifen, wie im nachstehenden Beispiel:

> **Beispiel**
>
> Ein Unternehmen in der EDV-Branche kündigte pro forma allen Mitarbeitern und gab ihnen gleichzeitig die Möglichkeit, sich neu für die alte Stelle zu bewerben. Die Mitarbeiter sollten dabei herausstellen, was das Unternehmen für Vorteile durch die Weiterbeschäftigung hätte und welche Verbesserungen und Neuerungen sie durchführen würden.

Mitnehmen sollten Sie aus diesem Beispiel, dass bei der Umsetzung der Kundenbindung die guten Vorsätze nicht genügen, Taten müssen folgen. Und damit Sie auch sicher sein können, dass die guten Taten auch unter der Belastung des Alltags durchgehalten werden, bleibt die Erfolgskontrolle das entscheidende Kriterium für Ihren Erfolg.

Legen Sie daher in einem ersten Schritt fest, welche Vorgehensweise Sie bei der Bearbeitung von Kundenvorfällen oder im Umgang mit Kunden erwarten.

Beschreiben Sie möglichst konkret das gewünschte Verhalten, z.B. bei der telefonischen Kunden-Betreuung:

Wir melden uns am Telefon mit: Firma ...
Gruß
Vorname und Name
Was kann ich für Sie tun?

Wir erledigen das Anliegen des Anrufers kompetent; wenn eine sofortige Erledigung nicht möglich ist, bieten wir einen Rückruf an. Wir vermeiden unnötiges Weiterverbinden nach dem „Buchbinder-Wanninger-Effekt" und wenn der Anruf ein Problem mit dem Kollegen aus der anderen Abteilung betrifft, nehmen wir die Information auf und sorgen für eine prompte Erledigung.

Damit ist ein erster Schritt getan. Der Erfolg bei der Umsetzung der gewünschten Leistungserbringung setzt allerdings zwei weitere Schritte voraus:

– Hoher Motivationsgrad Ihrer Mitarbeiter
– Klare Zieldefinition *(→ Ziele)*

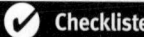 **Checkliste**

In den Gesprächen mit Ihren Mitarbeitern zur Leistungserbringung (oder zu deren Optimierung) gehen Sie am besten folgendermaßen vor:

1. Beschreiben Sie die jeweilige (problematische) Situation.
2. Zeigen Sie Ihrem/Ihren Mitarbeiter(n) das Ziel auf.
3. Fragen Sie Ihren Mitarbeiter, wie er die Lösung einer solchen Situation angehen würde.
4. Beurteilen Sie den Vorschlag hinsichtlich der Chance seiner Zielerreichung.
5. Lassen Sie sich eventuell weitere Alternativen aufzeigen, die auch zum Ziel führen können.
6. Fragen Sie bei Bedenken Ihrerseits, wie er diese abstellen könnte.
7. Vereinbaren Sie danach das entsprechende Vorgehen (evtl. mit alternativen Vorgehensweisen).
8. Vereinbaren Sie einen Kontrolltermin, an dem Sie mit dem Mitarbeiter nochmals über das Gelingen oder seine Probleme bei der Umsetzung sprechen.
9. Bieten Sie dem Mitarbeiter an, dass er Sie bei Problemen ansprechen oder wie er Sie erreichen kann.
10. Notieren Sie sich in Ihrem Terminkalender weitere Termine, zu denen Sie Stichproben machen, ob das gewünschte Verhalten dauerhaft verhaftet ist.

Motivieren Sie so jede Abteilung. Begeistern Sie Ihre Mitarbeiter immer wieder für diese Idee. Heben Sie gute Leistungen besonders heraus.

Und zum Schluss noch eine Idee, die es sicher wert ist, weiterentwickelt zu werden:

Viele Mitarbeiter sehen weder einen Kunden, noch haben sie direkten Kontakt zu ihm. Bringen Sie diesen Mitarbeitern den Blickwinkel „Kunde" näher. Nehmen Sie diese mit zu einer Messe, lassen Sie sie auch mit dem Außendienst zu Kunden fahren. Schaffen Sie die Voraussetzung dafür, dass die gesamte Leistungserbringung Ihres Unternehmens immer besser wird.

2. Die Leistung Ihres Unternehmens

Während guter Service in Form einer kundenorientierten Mitarbeiterleistung einfach erwartet wird (aber weitgehend noch nicht erfüllt ist), Sach- oder Motivationsgeschenke zwar überraschen, begeistern, das Gefühl geben, beachtet zu werden, entscheidet im Ernstfall (unzufriedenstellende Reklamationsbearbeitung, Service- und Betreuungsprobleme) nur Ihre Leistung darüber, ob Kunden bleiben oder zur Konkurrenz abwandern.

Wichtig für die Auswahl Ihrer Methoden und Mittel zur Kundenbindung sind somit alle leistungssteigernden oder vom Wettbewerb abgrenzenden Leistungsangebote:

• Kundenbetreuungsprogramme:
Wie häufig besuchen wir den Kunden, telefonieren mit ihm, melden uns, ob er mit der Lieferung zufrieden ist, informieren über Neuerungen, bemühen uns um kulante Regulierung von Reklamationen, geben Tipps bei Veranstaltungen, bieten Diskussions- und Gesprächsforen an (auch im Internet), erstellen → *Kunden-Zeitschriften*, die über Neues berichten, Lösungen von Kundenproblemen durch Ihr Haus aufzeigen, ...

• Kundenentwicklungsprogramme:
Erstellen Sie Analysen für die Verbesserung von Produktionsprozessen, bieten Sie Expertenrat bei der Lösung von Problemen, unterstützen Sie Ihre Kunden durch die Entwicklung von Rationalisierungskonzepten, laden Sie Ihre Kunden zu Erfa-Gruppen (Erfahrungsaustauschgruppen) ein, die Sie leiten, um Weiterentwicklungen für Kunden zu betreiben.

⊗ Beispiel

Ein PC-Anbieter bietet sich als PC-Doktor an, der defekte Geräte kostenlos überprüft und entsprechend berät; ein Berater zeigt Kunden nach einer ersten Analyse auf, wie sich die Organisation verändern könnte, um schneller auf Kundenwünsche reagieren zu können.

• Verbesserung von Produkt- und Serviceangebot:
Bilden Sie Kunden-Zirkel, in denen diese neue Anforderungen für die Unterstützung durch Ihr Haus definieren, suchen Sie nach Lösungen, die Garantieleistungen zu steigern, verbessern Sie Ihre Liefermöglichkeiten, führen Sie Maßnahmen zur Qualitätssteigerung ein, bieten Sie Zusatzleistungen ohne Preissteigerung oder abgespeckte Versionen Ihres Angebots an, damit weitere Unternehmen in den Genuss Ihrer Produkte kommen können.

Nutzen Sie zur Erfolgssicherung ein Mitarbeiterteam. Lassen Sie dieses die hier genannten Ideen weiter- oder zusätzliche Ideen entwickeln.

Empfehlungen

Geeignet für: Alle Unternehmen, ohne Einschränkungen.
Zeitrahmen: Sofort einsetzbar.
Kosten: Keine zusätzlichen Kosten.
Grundregeln: Schaffen Sie das Bewußtsein bei Ihren Mitarbeitern, dass nur die Zufriedenheit des Kunden der einzig richtige Maßstab sein kann.
Motivieren Sie Ihre Mitarbeiter, sich ständig weiter zu entwickeln.
Halten Sie engen Kontakt zum Kunden und ermitteln Sie Veränderungen seiner Erwartungen.
Passen Sie den Leistungsprozess Ihrer Mitarbeiter, Ihrer Produkte und Dienstleistungen diesen Erwartungen (unter Kosten-Nutzen-Gesichtspunkten) an.

M

Messen

Messen bieten ein breites Spektrum an Präsentations- und Darstellungsmöglichkeiten. Sie sind ein sehr vielfältiges und wirkungsvolles Marketing-Instrument und ein ideales Medium der Kunden-Betreuung und -Bindung, wenn sie zielgerichtet eingesetzt werden.

Deshalb ist es wichtig, sie
1. mit konkreten Zeit-/Zielvorgaben zu planen,
2. die Durchführung zu sichern und
3. zu überprüfen, ob Aufwand und Erfolg im gewünschten Verhältnis standen (Erfolgskontrolle).

Um das Unternehmen auf einer Messe optimal zu präsentieren, bedarf es einiger Vorbereitungszeit. Beginnen Sie deshalb mit Ihrer Planung nicht zu spät.

Die optimale Zeitplanung für die Teilnahme an einer Messe könnte folgendermaßen aussehen:

Entscheidung für die Messebeteiligung	bis	10. März
Konzept für Akquise	bis	30. April
Akquise	ab	02. Mai
Vereinbarung von Messeterminen	bis	30. September
Messe	ab	10. Oktober
	bis	14. Oktober
Nachfass-Aktionen	ab	15. Oktober
Zwischenergebnis nach Messeabschluss		18. Oktober
Zwischenergebnis		18. Dezember
Messeerfolgsergebnis		18. Februar

Maßnahmen für die Teilnahme an einer Messe:

1. Festlegung der Messe-Ziele:
Zum Erfolg Ihrer Messe gehört sowohl die richtige Auswahl der Veranstaltungen als auch eine klare Definition Ihrer Messeziele. Sie sind Basis dafür, um im Nachhinein eine Erfolgskontrolle durchführen zu können:

- Kommunikationsziele:
Kundenpflege
Gewinnung von Neukunden
Aktivierung ehemaliger Kunden
Imagepflege und Öffentlichkeitsarbeit
...
- Vertriebsziele:
Erschließung neuer Zielgruppen
Verkäufe
Gewinnung von Partnern
Akquise von Lieferanten
...
- Präsentationsziele:
Neue Produkte
Produktverbesserungen
Sortimentsvorstellung
Neue Dienstleistungen
...
- Marktforschungsziele:
Marktbeobachtung
Akzeptanz des Messeauftrittes
Anforderungen der Zielgruppe
Erkennen von Markttrends

M

2. Planung und Vorbereitung

Für die erfolgreiche Messekommunikation ist das Unternehmensleitbild die Richtschnur. Der Messeauftritt ist das praktische Vorzeigen und Vorleben der Unternehmenskultur. Die optische Gestaltung des Stands spiegelt das Unternehmen wider. Haben Sie sich Prädikate wie exklusiv, modern etc. auf die Fahne geschrieben, erwarten die Messebesucher, dass die Standgestaltung, Ihre Präsentationen und das Auftreten Ihrer Mitarbeiter dem auch entspricht.

✓ Im Einzelnen gehört zu dieser Planungsphase:

- Legen Sie die Zielgruppen fest, erstellen Sie eine Einladungsdatei, versenden Sie Einladungen, planen Sie Nachfasstelefonate ein und vereinbaren Sie Termine.
- Klären Sie, ob Sie einen eigenen Messeauftritt möchten, ob Sie sich an einem Messekollektiv beteiligen möchten, ob Sie mit einer anderen Firma zusammen einen Stand bestreiten oder ob Sie „Untermieter" z.B. Händler oder Servicepartner wollen?
- Planen Sie den Messestand.
- Klären Sie, welche Botschaft Ihre Messebeteiligung vermitteln soll.
- Sichern Sie mit der Marketing- und Werbeabteilung die Koordination.

→

- Binden Sie Produktion und Technik (Maschinenbereitstellung, Bedienung und Wartung während der Messezeit) mit ein.
- Wählen Sie Werbegeschenke für Standbesucher aus und bestellen Sie diese.
- Erstellen Sie ein Messekonzept:
- Legen Sie die Anforderungen an das Standpersonal fest, wie z.B.

  - ☐ Theoretisches Fachwissen   ☐ Praktisches Fachwissen
  - ☐ Kontaktfreudig   ☐ Begeisternde Ausstrahlung
  - ☐ Aufgeschlossen   ☐ Redegewandt
  - ☐ Freundlich und motiviert   ☐ Teamfähigkeit

- Führen Sie Schulungsmaßnahmen durch (wird aus Kostengründen oft vernachlässigt, obwohl es im Vergleich zum Messebudget nur ein kleiner Kostenfaktor, in Bezug zum Messeerfolg aber der ausschlaggebende Faktor ist!).
- Motivieren Sie Ihr Standpersonal (Abendveranstaltungen etc.).
- Regeln Sie Anwesenheit und Pausen des Personals und bestimmen Sie das Führungsteam.
- Nehmen Sie an begleitenden Kongressen (Redner und Zuhörer) teil.
- Verbinden Sie Produkte und Produktpräsentation mit Personen.
- Laden Sie die Presse ein (evtl. Standfotos für die Kunden-Zeitung).
- Legen Sie die Drucksachen fest und bestellen Sie diese.
  (Prospekte, Visitenkarten, Kontaktbögen für Messebesucher etc.)
- Klären Sie die Standverpflegung.
  (Service-Personal, Essen, Getränke, Gebäck, Besteck und Gedecke)
- Bilden Sie zur Messevorbereitung und -durchführung ein Messeteam, das alle planerischen und organisatorischen Tätigkeiten übernimmt.

3. Durchführung der Messe

Ein wichtiger Punkt ist das Verhalten und Auftreten der Mitarbeiter am Stand. So ergab eine Studie des Emnid-Instituts, dass am Messestand leider allzu oft Stillstand herrscht. Die meisten Mitarbeiter halten sich dezent zurück. Sie zeigen den Besuchern zwar Produkte und Innovationen, aber dabei bleibt es dann auch.

Dabei bietet sich nur hier die Möglichkeit, Folgendes herauszufinden:
- Was benötigt der Besucher?
- Hat er Kaufkompetenz?
- Hat er erkennbaren Bedarf?

Hierbei besteht die Möglichkeit, das Kontaktgespräch in ein konkretes Verkaufsgespräch überzuleiten.

Für die erfolgreiche Durchführung während der Messezeit beachten Sie die folgenden Punkte:

• Lage mit Führung und Standpersonal besprechen und koordinieren
• Ansprache von Standbesuchern regeln
• Berichtswesen und Durchführung der Kunden-Befragung sicherstellen
• Wettbewerbsbeobachtung, wer informiert sich wo, Bericht über Erkenntnisse

4. Erfolgskontrolle
Nach Abschluss der Messe beginnt die wichtigste Arbeit; denn jetzt müssen Messeversprechen eingelöst werden und Nachfassaktionen durchgeführt werden, um die Verkaufsabschlüsse unter Dach und Fach zu bringen.

Im Einzelnen können das sein:
• Angebote erstellen, Besuchstermine vereinbaren, Bestellungen ausliefern
• Dankschreiben für Standbesuch und Infomaterial versenden
• Termine vereinbaren, Nachfasstelefonate führen, um Abschlüsse zu erreichen
• Messeberichte auswerten
• Anzahl der Besuche im Verhältnis zu den Einladungen auswerten (wer kam neu hinzu, wer war nicht eingeladen), Anzahl Angebote, Termine, Aufträge

Mit dieser Erfolgskontrolle (nach vier bis acht Monaten) schließt die Durchführung der Messe ab. Die Auswertung bildet die Grundlage für Ihren nächsten Messeauftritt, Checklisten und Aktivitätenpläne sind entsprechend anzupassen, um Ihren nächsten Messeauftritt weiter zu perfektionieren.

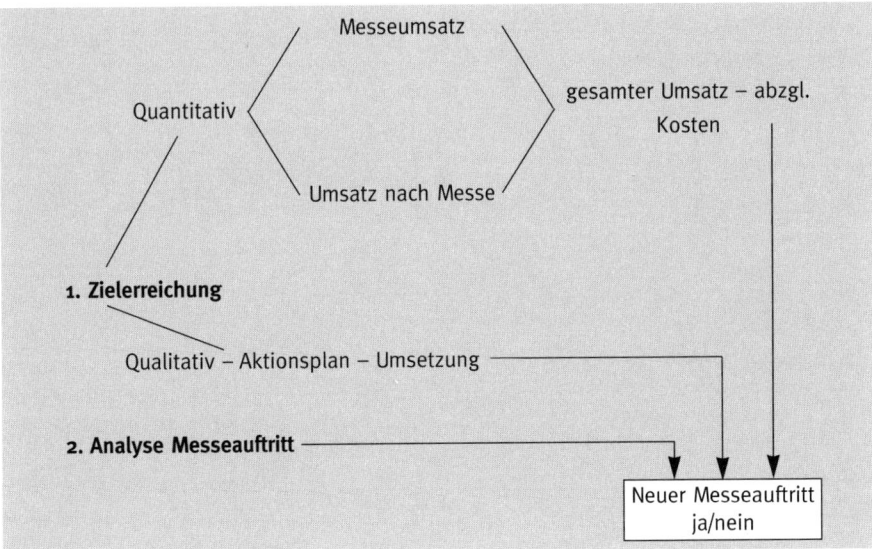

Schritte der Messeerfolgskontrolle

Weitere Informationen zur erfolgreichen Durchführung von Messen finden Sie in „Das abc des Messeauftritts", das ebenfalls im Lexika Verlag erschienen ist.

Empfehlungen

Geeignet für: Unternehmen, die sich und ihre Produkte/Dienstleistungen interessierten Besuchern persönlich präsentieren wollen. Es ist ein Live-Auftritt, der gute Verkaufsmöglichkeiten bietet.

Zeitrahmen: Vergleichen Sie bitte die Zeitplanung auf S. 106.

Kosten: Ein preiswerter Messeauftritt ist mit ein paar Tausend Mark zu bewerkstelligen. Die Kosten sind abhängig von Standgröße, Standgestaltung (eigener oder Leihstand), Personaleinsatz, Rahmenprogramm, Catering, Schulungsmaßnahmen, vorbereitende Werbemaßnahmen etc.

Grundregeln: Der Messeauftritt muss dem Unternehmensbild entsprechen. Klare Zielsetzung, was mit der Messe erreicht werden soll. Mitarbeiter auf die Messe vorbereiten, schulen, während der Messe betreuen. Erfolgskontrolle durchführen, um eine gesicherte Entscheidungsgrundlage für die nächste Messebeteiligung zu haben.

O

Öffentlichkeitsarbeit

Der gute Ruf Ihres Unternehmens ist ein wichtiger Bestandteil der Kundenbindung und macht daher eine systematische Öffentlichkeitsarbeit dringend erforderlich.

 **Beispiel**

Ein Saatzuchtunternehmen in Niedersachsen hat zu Beginn der Ära der gentechnischen veränderten Pflanzensorten „sein geheimes Süppchen" bei der Entwicklung neuer Samenprodukte gekocht. Nach Bekanntwerden dieser Aktivitäten und den ersten Freilandversuchen liefen unzählige Menschen, Bauern und Politiker Sturm gegen diese Art der Samenzucht. Felder wurden verwüstet und das Unternehmen wurde mit unglaublicher Härte in der Presse attackiert, was ziemlich an dessen Image gerüttelt hat.

Dieses Unternehmen hatte schnell verstanden, dass das Vertrauen der Bevölkerung nur durch ausreichende Aufklärungsarbeit zurückgewonnen werden kann. Da dies bisher nicht der Fall war, konnten die Gegner der Gentechnik unbehelligt Sturm gegen diese Produkte und Freilandversuche laufen, ohne dass große Gegenwehr zu erkennen war. Sie hatten durch ihre negative und angstverbreitende Pressearbeit große Teile der Bevölkerung auf ihre Seite gebracht.

Da das Thema zwischenzeitlich stark emotionalisiert und politisiert wurde, waren auch die ersten Versuche der Schadenbegrenzung durch Öffentlichkeitsarbeit noch nicht besonders erfolgreich. Die Bevölkerung hegte lange Zeit Zweifel an der Sinnhaftigkeit dieser neuen Produktgeneration.

Heute wird eine gezielte Öffentlichkeitsarbeit betrieben nach dem Motto des „Prinzips der Gläsernen Forschung" und hat die volle Unterstützung der rot-grünen Bundesregierung erreicht. Die Firma erscheint in der Region wieder unter dem Ruf eines fortschrittlichen und erfolgreichen Unternehmens.

Ziel der Öffentlichkeitsarbeit ist es, **rechtzeitig** über Tatbestände, die für die jeweilige Zielgruppe relevant sind, zu informieren. So kann durch gezielte Information zwischen dem eigenen Unternehmen und der Öffentlichkeit eine feste Bindung entstehen und Ihr Image in der Öffentlichkeit wird entsprechend geprägt. Dabei spielt die Wahl der richtigen Medien eine wichtige Rolle.

Beispiel

Ich selbst hatte nach Gründung meines Beratungs- und Trainings-Instituts bei der Auswahl der Medien die heimische Tagespresse ausgeschlossen. Ich ging davon aus, dass man mich und mein Unternehmen kennt.

Nicht schlecht erstaunt war ich, als mich hier ansässige Unternehmer ansprachen, dass sie zwar den Namen meines Instituts kennen, aber gar nicht wissen, welche Dienstleistung wir anbieten.

Ab sofort ist die heimische Tagespresse in den Presseverteiler eingebunden. Der Erfolg ließ nicht lange auf sich warten. Ich wurde bei der Durchführung von Veranstaltungen mit eingebunden und die regionale Presse ist als Trainer auf mich aufmerksam geworden.

Wenn Sie Öffentlichkeitsarbeit durch Pressemitteilungen betreiben wollen, dann darf dies keine Werbung sein.

Werbung wird von Redakteuren gleich in den Papierkorb geworfen. Achten Sie darauf, dass die Informationen für den Leser eine sinnvolle und nützliche Information darstellen.

✓ Wichtige Erfolgsregeln für Ihre Öffentlichkeitsarbeit:

- Führen Sie eine Medienanalyse durch!
  - Wer sind meine Zielgruppen, welche Medien nutzen sie?
  - Welche regionalen Medien müssen benachrichtigt werden?
    (z.B. auch wichtig für die Information der Bevölkerung, wenn es um Mitarbeiter geht) Wer ist dieses Unternehmen? Was produziert es?
  - Besorgen Sie sich ein Nachschlagewerk mit Redaktionsadressen und Auflagen, um durch eine geschickte Auswahl der Zielgruppen und der dafür in Frage kommenden Medien eine hohe Reichweite aufbauen zu können.

- Denken Sie an den Informationsgehalt!
  - Verbreiten Sie keine Werbung, sondern informieren Sie.
    Negatives Beispiel: „Nutzen Sie unseren neuen Service zu Sicherung des Lernerfolgs: Trainieren Sie zu Hause mit Ihren durch den Trainer kommentierten Videoaufzeichnungen!"
    Positives Beispiel: „Bei betrieblichen Weiterbildungsmaßnahmen hat der Trainingstransfer einen hohen Stellenwert. Bei der Persönlichkeitsbildung wird dies durch kommentierte Videoaufzeichnungen erreicht. Die Teilnehmer können zu Hause ..."
  - Beachten Sie die Einheit von Wort und Tat. Kommunizieren Sie nur, was Sie auch wirklich tun und wonach Sie handeln, also Nachprüfbares.
  - Informieren Sie über Besonderes und Neues aus Ihrem Unternehmen und um Ihr Unternehmen.

(Neue umweltverträglichere Produktionsanlagen, Großauftrag, der die Arbeitsplätze für längere Zeit schützt, neue Märkte, die erschlossen werden, Erfindungen, Geschäftsberichte, ...)
- Formulieren Sie einfach und verständlich und für Journalisten und Leser zielgruppengerecht.

• Systematisieren Sie!
- Haben Sie ein klares Ziel, welches Image Ihr Unternehmen in der Öffentlichkeit haben bzw. gewinnen soll.
- Prüfen Sie, ob der Nachrichten-/Informationswert das objektive Interesse der Zielgruppe trifft, mit Ihrem Image-Ziel übereinstimmt und der Nachprüfbarkeit standhält.
- Lassen Sie den Kontakt zu Presse/Rundfunk oder TV nicht abbrechen, informieren Sie regelmäßig – Kontinuität ist angesagt.
- Pflegen Sie, wenn möglich, auch persönliche Kontakte zu den Medien (z.B. Einladungen zu öffentlichen Auftritten Ihres Unternehmens usw.).

• Beachten Sie den empfohlenen Aufbau einer Pressemitteilung!
- Benutzen Sie ein Formblatt mit der Aufschrift „Pressemitteilung".
- Beschreiben Sie keine Rückseiten.
- Achten Sie auf eine ansprechende Überschrift (Headline).
- Text und Schrift müssen gut lesbar sein.
  ▶ 1,5-zeilig schreiben
  ▶ 12-Punkt-Schrift
  ▶ max. 60 Anschläge pro Zeile
  ▶ klare Gliederung durch Absätze
  ▶ wenn vorhanden, aussagefähige Fotos, Skizzen, Grafiken mit Bildlegende beilegen
  ▶ Datum und Absender nicht vergessen

Empfehlungen

Geeignet für: Alle Unternehmen, die der Öffentlichkeit ein wahrheitsgemäßes Profil der Aktivitäten, der Denk- und Handlungsweisen und der damit erzielten Erfolge gegenüber Mitarbeitern, Kunden und Lieferanten ihres Unternehmens vermitteln wollen.
Öffentlichkeitsarbeit ist ein Mittel der Kundenbindung, das nur langfristig betrachtet und in ihrer Wirkung überprüft werden kann (z.B. durch Befragungen bei Zielgruppen).

Zeitrahmen: Kurzfristig realisierbar. Um den Erfolg zu sichern, sollte die Arbeit systematisch und professionell konzipiert und durchgeführt werden.

Kosten: Pro Anlass vier bis fünf Stunden. Externe Erstellung ab 300 DM und mehr (Kurzberichte). Aufbau eines Presseverteilers mit Kennung der Zielgruppen, die dort angesprochen werden, um größere Streuverluste zu vermeiden (zwei Arbeitstage). Aktualisierung des Presseverteilers zumindest einmal pro Jahr. Bei 100 Adressen ist hierfür etwa ein Arbeitstag einzukalkulieren.

Grundregeln: Sie sollten ein klares Konzept haben.

Bestimmen Sie die Verantwortlichen.

Bauen Sie einen Presseverteiler auf.

Überprüfen Sie alle Aktivitäten auf ihren Nutzen für Presse und Zielgruppe hin.

Der Informationsgehalt für die Zielgruppe ist entscheidend für die Berücksichtigung bei den Redakteuren.

Regelmäßigkeit ist wichtig, um den Bekanntheitsgrad bei Redakteuren zu steigern.

Überprüfen Sie die Ergebnisse durch Befragung der Zielgruppe.

Pressedienst ...

Kreiensen, Datum ...

Sicherung des Trainingstransfers

Bei betrieblichen Weiterbildungsmaßnahmen hat der Trainingstransfer, durch den die Umsetzung in die Praxis unterstützt wird, einen zentralen Stellenwert erlangt.

Diese Transfersicherung wird im Persönlichkeitstraining durch kommentierte Videoaufzeichnungen erreicht. Die Teilnehmer können mit der Kopie ihres mehrstufigen Videotrainings zu Hause individuell üben und so konkrete Lernfortschritte erzielen. Dies ist das Ergebnis mehrerer Projekte, die von ... in ... durchgeführt wurden.

Seit Jahresbeginn gehört der Baustein „kommentierte Videoaufzeichnung" zum Servicepaket der internen und offenen Seminare. Im Coaching mit ein oder zwei Teilnehmern wird außerdem ein individueller Maßnahmenkatalog erstellt, der die Weiterentwicklung intensiviert.

Weitere Informationen: Genaue Adresse.

X Zeilen, ca. 60 Anschläge

Beispiel einer formgerechten Pressemitteilung *(Quelle: Dr. Jegodzinski, Public Relations, Bad Harzburg)*

P

Produktentwicklung

Die Zeiten, in denen Entwickler im stillen Kämmerlein ihre genialen Ideen zu „Unkosten" in Produkte umsetzen konnten, die niemand kaufen wollte (weil sie am Bedarf vorbeigingen) oder konnte (weil sie zu teuer geraten waren), sind längst vorbei. Die Produktentwicklung in den Unternehmen orientiert sich heute nicht mehr an dem technisch Machbaren, sondern an dem vermarktbaren Bedarf der Kunden.

Produktentwicklung heißt heute zielgerichtetes, am Kundenbedarf und unter Kundeneinbindung orientiertes Weiter- oder Neuentwickeln von Produkten und den dazu erforderlichen Dienstleistungen und trägt dadurch entscheidend zur Kundenbindung mit bei.

⊗ Beispiele

• Ein namhafter deutscher Wäsche- und Bademodenhersteller im hochwertigen Bereich hatte dies vor vielen Jahren erkannt und einige Einkäufer schon zur Auswahl der Stoffe und Schnitterstellung eingeladen.

Zusätzlich gab es eine Modenschau für die Mode- und Marktführer, ehe die Kollektion vom Außendienst den Kunden präsentiert wurde.

All das fand auch in der Öffentlichkeitsarbeit (→ *Öffentlichkeitsarbeit)* entsprechend Berücksichtigung. Durch den dadurch gesteigerten Bekanntheitsgrad und den guten Ruf des innovativen und kundenorientierten Unternehmens ließ die überdurchschnittlich hohe Umsatzsteigerung nicht lange auf sich warten.

• Ganz anders verhielt es sich bei einem Unternehmen im Maschinenbau:

Nach Gesprächen mit dem Außendienst und der Entwicklung wurde „die eierlegende Wollmilchsau"* entwickelt und auf dem Markt angeboten.

Durch gute Öffentlichkeitsarbeit und starke Werbung war ein hohes Interesse an dem neuen Produkt vorhanden. Als die Interessenten allerdings den Preis erfuhren, nahmen sie vom Kauf Abstand. Um nicht ganz vom Markt zu verschwinden, wurden die ersten Maschinen mit hohen Verlusten an den Kunden verkauft.

Wieder wurden die Entwickler engagiert, um Produktionskosteneinsparungen ausfindig zu machen. Zwei Jahre dauerte diese Entwicklung, bis das Produkt heute wenigstens kostendeckend vermarktet werden kann.

---

* Die „eierlegende Wollmilchsau" oder „karierte Maiglöckchen", all das sind Aussagen für Produkte, die alles können sollen, aber nicht existieren. Hier ist der Versuch des Unternehmens gemeint, alle Ideen, die vom Außendienst und seitens der Technik kamen, in ein Produkt zu integrieren, ohne sich auf dem Markt nach dem wirklichen Bedarf, den Absatzchancen und Einsatzbereichen zu erkundigen.

Einen ähnlichen Weg beschreitet derzeit ein Markenkaufhaus, das ein Kundenparlament aus Singles, Hausfrauen und Rollstuhlfahrern gebildet hat, um durch deren Verbesserungsvorschläge seine Dienstleistung zu verbessern. Ein Weg, den wir auch bei der Produktentwicklung nutzen sollten.

✓ Gehen Sie daher folgendermaßen bei der Produktentwicklung vor:

- Informieren Sie sich bei Kunden und Beratern, welche neuen Produkte gefordert werden und welche Probleme diese lösen bzw. welche Erwartungen mit dem neuen Produkt erfüllt werden müssen.

- Schaffen Sie sich einen Beirat aus Kunden und Beratern für die Neuentwicklung.

- Klären Sie, zu welchem Preis eine solche Lösung absetzbar ist (Kosteneinsparungen oder Zusatznutzen gegenüber bisherigen Lösungen können einkalkuliert werden.).

- Suchen Sie Test-Kunden, die bereit sind, Ihre Lösung einzusetzen.

- Binden Sie diese Kunden in die Entwicklung – nicht erst in die Umsetzung – mit ein.

- Erstellen Sie eine Zeitachse, nach welcher Zeit das Produkt serienreif auf den Markt gebracht werden muss. Erstellen Sie auch eine Kostenachse, welche die Entwicklungskosten für die jeweilige Entwicklungsarbeit aufführt.

- Teilen Sie die Entwicklungskostenbudgets genau auf die einzelnen Entwicklungsbereiche auf.

- Starten Sie rechtzeitig die notwendige Öffentlichkeitsarbeit und Werbung bei der Vermarktung.

- Nutzen Sie die Referenz Ihrer Testkunden, um den Absatz zu steigern.

Stellen Sie durch diese Vorgehensweise sicher, dass Ihre Produkte profitabel auf dem Markt abgesetzt werden können. Sichern Sie sich möglichst schon mit dem Start der Neuentwicklung bei Ihren Testkunden die Option auf weitere Einheiten.

Empfehlungen

Geeignet für: Alle Unternehmen, die bestehende Produkte oder Dienstleistungen weiterentwickeln oder neue entwickeln wollen.
Durch Einbinden von Beiräten ein hochwirksames Mittel der Kundenbindung.

Zeitrahmen: In der Konzeptionsphase sollte gegenüber bisherigen Entwicklungen ein um 20 bis 30 Prozent höherer Zeitaufwand einkalkuliert werden. Die Entwicklungs- und Testphase verändert sich nur unwesentlich. Flops werden weitgehend vermieden.

Kosten:	Die Kosten halten sich durch die Analyse der erzielbaren Marktpreise und der daran orientierten Verteilung auf die Entwicklungsabteilungen in einem vorab festgelegten Rahmen.
Grundregeln:	Analysieren Sie den Markt über Befragungen.

Binden Sie bei der Konzeption und Entwicklung einen Beirat mit ein.

Teilen Sie die Entwicklungsbudgets im Rahmen der Wertigkeiten am Produkt auf.

Erhöhen Sie den Erfolg durch Testphasen, die Sie bei oder durch Beiräte durchführen; somit können Pannen weitestgehend vermieden werden.

Sichern Sie die termingerechte Fertigstellung durch Projektarbeit.

Starten Sie rechtzeitig Werbung und Öffentlichkeitsarbeit.

P

Q

Qualität

Was ist Qualität?
Ist es das, was die DIN ISO 9000 ff von uns verlangt?
Kann Qualität nur da entstehen, wo Unternehmen zertifiziert sind?
Sind Produkte nur dann marktfähig, wenn sie mehrere Generationen überleben? Ist Qualität
das, was Techniker häufig fordern, dass Produkte perfekt sein müssen?

Die Qualität der Produkte und Dienstleistungen ist unbestritten der entscheidende Faktor, der
den langfristigen Erfolg eines jeden Unternehmens bestimmt. Qualität produzieren – und das
gilt nicht nur für die Produktion, sondern auch für den Dienstleistungsbereich – bedeutet, dass
alles Erdenkliche dafür getan wird, ein bestehendes Produkt, ein neues Produkt oder eine
Dienstleistung so fehlerfrei wie möglich auf den Markt zu bringen.

Damit dieses Ziel erreicht wird, muss der Qualitätsgedanke in den Köpfen der Unternehmensleitung und der Mitarbeiter fest verankert sein.
Jeder Mitarbeiter muss sich bei all seinen Tätigkeiten fragen, ob dieser Vorgang, die Art der
Belieferung, die Art der Produktionssicherung, die Art der Qualitätssicherung so sichergestellt
sind, dass die Kunden optimal zufrieden sein können.

1. Produktqualität

Qualität muss sich immer an den Kundenansprüchen messen lassen. Das ist von Branche zu
Branche sehr unterschiedlich. Wer heute einen Lkw kauft, erwartet z.B., dass der Motor eine
Lebensdauer von einer Million km hat. Die Laufzeit muss 500.000 km betragen, ohne dass
ein unplanmäßiger Werkstattaufenthalt erforderlich wird. Das klingt viel, macht aber Sinn,
denn bei den Kilometerleistungen, die diese Fahrzeuge zurücklegen müssen, entspricht das gerade einmal einer Laufzeit von zwei bis zweieinhalb Jahren.
Von einem modischen Bekleidungsstück erwartet kein Verbraucher, dass dieses über Generationen hält, aber es muss seinen Ansprüchen in Hinsicht auf Passform, Aussehen und Materi-
al entsprechen.
Qualität ist also eine Leistung, die sich stets an den Erwartungen der Zielgruppe zu orientieren hat.

2. Qualität im Umgang mit Kunden

Sie beginnt schon bei der Begrüßung des Kunden am Telefon, geht über die Korrespondenz im
Hinblick auf Stil, Inhalt und Optik und setzt sich über alle Bereiche des Kundenkontakts fort.
(→ *Analyse und Umsetzung der Kundenorientierung*).

3. Qualität im Umgang mit Mitarbeitern

In einem Unternehmen, in dem kein gutes Betriebsklima herrscht und in dem der Leistungsgedanke nicht deutlich ausgeprägt ist, wird Qualität dauerhaft nur schwer zu erzielen sein. Bringen Sie daher in die Qualitätssicherung die Umgangsformen der Mitarbeiter untereinander mit ein.

Nutzen Sie die Erwartungen Ihrer Kunden *(→ Kunden-Befragungen)*, ziehen Sie Nutzen aus Reklamationen und Beschwerden *(→ Reklamationsmanagement)*, und profitieren Sie durch gezielte Anforderungen an die Informationspolitik seitens Ihrer Innen- und Außendienstmitarbeiter.

Erstellen Sie ein Pflichtenheft für Ihre Produktion, ein Leistungsheft für den Servicebereich (siehe unten), um Schwachstellen und Kundenforderungen deutlich zu machen. Bewerten Sie die erforderlichen Verbesserungen nach ABC, also Bedeutung und Rangstelle für die Umsetzung, und erarbeiten Sie gemeinsam mit Ihren Mitarbeitern *(→ Team)* Wege und Verhaltensrichtlinien, mit denen die Schwachstellen abgestellt werden.

✖ Beispiel aus einem Leistungsheft

Gründe für Kunden-unzufriedenheit	Problembeschreibung	Lösungsvorschläge	Priorität A	B	C
Die Kunden werden zwei- bis dreimal verbunden, bevor sie mit dem richtigen Ansprechpartner verbunden werden.	Die Durchwahl ist oft nicht bekannt; es herrscht keine Klarheit, wer für was zuständig ist.	Kompetenzen festlegen, sicherstellen, dass Mitarbeiter ständig für diese Aufgabe informiert und trainiert werden, Kundeninformation, Veröffentlichung von Ansprechpartnern mit Durchwahl in Briefen, Katalogen, Telefonliste im Hause	X		

→

Überprüfen Sie die nachstehenden Suchbereiche im Hinblick auf die Qualitätsansprüche zur Steigerung der Kundenzufriedenheit:

A Produktqualität
Störungsfälle, -häufigkeit, Störungstyp
Produktionssicherheit, -schnelligkeit, Abbau von Ausschuss
B Liefertermine und Liefertreue
Reaktionszeit Auftrag – Lieferung
C Transport
D Einsatz der Produkte und Dienstleistungen beim Kunden
Akzeptanz bei Mitarbeitern, Auf- und Einbau
E Anwendung und Service
Reaktionszeit bei Ersatzteilbelieferung, Reparaturzeit
F Reklamationen
Reaktionszeit der Reklamationserledigung, maximale Dauer der Bearbeitung, Verhalten gegenüber reklamierenden Kunden
G Qualität der Dienstleistung
Bearbeitungszeit der unterschiedlichen Sachbearbeiter/Techniker
Auskünfte, Zuverlässigkeit, Schnelligkeit, Innen- und Außendienst

❌ Beispiel

Fälle, wie der Folgende dürften dann vermieden werden:
Immer mehr Kunden sprangen bei Firma X ab, obwohl Produktqualität und Lieferservice stimmten. Der Außendienst wurde bei mehreren Kunden nicht mehr empfangen. Da man aber vorgab, den Folgeauftrag zu platzieren und ein Besuch daher im Moment nicht erforderlich sei, maß man dieser Erscheinung erst keine große Bedeutung bei.

Erst als der eine oder andere Kunde den Verkäufer auf dessen Nachfrage hin informierte, dass er mit der Reklamationsbearbeitung nicht einverstanden sei und deshalb zur Konkurrenz gewechselt habe, wurde man aktiv.

Testanrufe in der Serviceabteilung der Firma X ergaben, dass die Kunden regelrecht abgespeist wurden. Aussagen wie: „Was glauben Sie, was wir den ganzen Tag machen?" oder „Wenn Sie wissen, woran es liegt, warum beheben Sie den Fehler nicht gleich selbst und schaffen uns mehr Freiraum für wichtigere Fälle", waren keine Seltenheit.

Eine Analyse ergab, die Mitarbeiter der Serviceabteilung waren nicht vom Arbeitsanfall her, sondern organisatorisch (Abhängigkeit von Entscheidungen, die sie nicht selbst treffen durften, Rückmeldung der Entwicklung und Produktion) und persönlich hoffnungslos überfordert.

Vermeiden Sie solche Fehlermöglichkeiten durch systematisches Vorgehen bei der Suche nach Schwachstellen in Ihrem Unternehmen.

> ✅ **Sichern Sie die Qualität Ihrer Produkte bzw. Dienstleistungen durch folgende Vorgehensweise:**

1. Analyse der → *Kunden-Befragungen*
   Qualität ist nicht das, was die Technik zu leisten in der Lage ist, sondern nur das, was der Kunde benötigt und bereit ist, dafür zu bezahlen.

2. Suche nach den Schwachpunkten im Unternehmen
   Kunden-Befragungen und Expertenbewertungen geben eindeutig Hinweise zu Produkten bzw. Dienstleistungen.
   Mit in den Suchkreis eingebunden werden müssen alle Leistungen, die das Unternehmen den Kunden gegenüber erbringt. Also auch Buchhaltung, EDV, Produktion, Disposition, Einkauf, Kommunikation der Mitarbeiter nach außen, um auch einige solche Bereiche zu nennen, an die man meist bei dem Thema Qualität wenig denkt.

3. Installation von Erfolgs-/Qualitätsteams
   Im ersten Schritt müssen Mitarbeiter auf die neuen Ansprüche eingestellt werden. Schaffen Sie Problembewusstsein.
   Im zweiten Schritt erarbeiten die Mitarbeiter Wege, mit denen die vom Management getroffenen Ziele umgesetzt werden können. Außerdem listen die Mitarbeiter ihre Aufgabenbereiche mit Schritten und Terminen auf.

4. Controlling
   Sichern Sie durch Stichproben die Terminüberwachung und durch Mitarbeiter- und Kunden-Befragungen die Zielerreichung.
   Hierzu kann man sich auch Techniken wie Testkäufen/-anrufen/-angeboten bedienen
   (Testkäufe: insbesondere im Handel üblich, um Aufschlüsse über das Verkaufsverhalten und die Beratung des Verkaufspersonals zu erhalten;
   Testanrufe: wie bei Testkäufen geht es darum, das Telefonverhalten und die Argumentation der Mitarbeiter auf bestimmte Verhaltensweisen hin zu testen;
   Testangebote: Einholen von Angeboten, um zu sehen, inwieweit die Angebotserstellung der Anforderungen der Kunden-Betreuung und -Bindung entsprechen;
   Testmärkte: Testverkäufe/-installationen in einem Teilmarkt, ehe die endgültige Entscheidung für eine Produkteinführung gefällt wird).

Q

Bewerten Sie neben der Wichtigkeit/Wertigkeit (ABC) auch die Dringlichkeit für die notwendigen Verbesserungen. Vergleichen Sie Ihre Leistungen mit denen der Konkurrenten. Fragen Sie sich bei allen Punkten, ob dies aus Kundensicht auch wirklich nötig und sinnvoll ist.

⊗ Beispiele für Qualitätsstandards:

• Das Unternehmensleitbild (→ *Unternehmensleitbild*) ist die Grundlage für alle Aktivitäten gegenüber Kunden und unter Mitarbeitern und Kollegen.

• Jeder Mitarbeiter kennt seine Qualitätsziele und setzt sie konsequent um. Die Fehlerquote darf 1% nicht überschreiten.

• Jeder Kunde soll so bedient werden, dass er jederzeit wieder kaufen würde und Ihre Produkte bzw. Dienstleistungen weiter empfehlen könnte.

• Die Antworten auf Kundenfragen sollten sofort, die Antworten bei Reklamationen und Beschwerden sollten spätestens am nächsten Tag erledigt werden.

• Kundenreklamationen müssen binnen drei Werktagen abgeschlossen sein.

• Die Lieferzeit zwischen Auftragseingang und Auslieferung beträgt maximal 24 Stunden (Beachten Sie die Ergebnisse der → *Kunden-Befragung* bzw. der Konkurrenz-Analyse!)

• Konsequente Weiterbildung aller Mitarbeiter auf das Erreichen der Qualitätsziele hin.

Um diese Standards zu sichern,
• führen Sie eine Analyse und Auswertung aller Fehlerquellen und der dadurch entstandenen Kosten mit Lösungsvorschlägen durch.
• führen Sie Befragungen zur Mitarbeiterzufriedenheit durch.
• fördern und honorieren Sie erfolgsrelevante Verbesserungsvorschläge der Mitarbeiter (siehe Vorschlagswesen).
• binden Sie diese Standards für alle neuen Mitarbeiter bei Einstellungsgesprächen mit ein (durch Tests und Assessment-Center) und
• statten Sie Ihre Mitarbeiter mit weitgehender Entscheidungsfreiheit beim Einsatz von Zufriedenheitszusagen ihren Kunden gegenüber aus (interne → *Schulung* ist hierzu obligatorisch).

Empfehlungen

Geeignet für: Alle Unternehmen, die Qualität nicht nur in Form ihrer Produkte oder Dienstleistung sehen, sondern auch in der Leistung ihrer Mitarbeiter, Kunden und Kollegen gegenüber.
Qualität ist ein langfristig wirkendes Mittel der Kundenbindung und orientiert sich an den Ansprüchen der Anwender.

Zeitrahmen: Permanenter Prozess, der voraussetzt, dass die Bewertungskriterien festgelegt worden sind und ein systematisches Erfassen und Beheben aller Problemfelder systematisch verfolgt wird.

Kosten: Minimale Mehrkosten durch das Erfassen und Auswerten der Daten, die sich durch das Reduzieren von Reklamationen und Beschwerden und die dadurch verbesserten Marktchancen mehr als kompensieren lassen.

Grundregeln: Erarbeiten Sie Qualitätsziele durch das Festlegen von Standards für Entwicklung, Produktion, Funktion, Umgang mit Reklamationen, Service und Umgang mit Kunden.

Sichern Sie die Zielerreichung durch → *Kunden-Befragungen* und Auswertungen des Verkaufs, der Reklamations- und Kundendienstabteilung.

Suchen Sie systematisch nach Verbesserungsmöglichkeiten oder Schwachpunkten im Unternehmen.

Installieren Sie Erfolgsteams, die diese Aufgabe übernehmen und gleichzeitig Lösungen erarbeiten und umsetzen können.

R

Reklamationsmanagement

Auch wenn jeder das Schlagwort „in Reklamationen liegen Chancen" kennt, gehört der Umgang mit Reklamationen und Beschwerden in den meisten Unternehmen immer noch zu den ungeliebten Themen. Selbst ein geringes Reklamations- und Beschwerdeaufkommen ist noch lange kein Grund, die Hände in den Schoß zu legen. Nur einer von 27 unzufriedenen Kunden beschwert sich laut der Analyse des amerikanischen Marktforschungsinstituts TARP (Technical Assistance Research Programs). Der Rest der unzufriedenen Kunden wandert gleich zur Konkurrenz ab.

Um die Kunden zufrieden zu stellen und langfristig an das Unternehmen zu binden, sollten Sie einige grundlegenden Voraussetzungen schaffen:
1. Reklamations- und Beschwerdemanagement sind Chefsache.
2. Kundenschädliche Vorgehensweisen müssen erkannt und abgestellt werden.
3. Organisationsabläufe müssen durchforstet und optimiert werden.
4. Reklamations- und Beschwerdegründe müssen transparent gemacht werden.
5. Die Einstellung und das Verhalten der Mitarbeiter müssen für diese Vorgehensweise sensibilisiert werden.

Dass sich oft hinter vordergründig einfachen Fällen mehr versteckt, als nur ein Fehler des Kunden, zeigt der vorliegende Fall:

 **Beispiel**

„Haben diese Artikel nicht bestellt, bitten daher um Gutschrift!", war der kurze Kommentar einer Rücksendung, die dem neuen Leiter der Reklamationsabteilung auf den Tisch kam. Nach Prüfung des Originalauftrags war ersichtlich: die Ware war bestellt, fehlerfrei und musste abgenommen werden. Entsprechend erhielt der Kunde einen netten, aber bestimmten Brief: „... erhalten Sie beigefügt die Kopie Ihres Auftrags. Die Ware ist bestellt und geht Ihnen in den nächsten Tagen wieder zu. ..." Berechtigt, mögen Sie vielleicht sagen. Aber nicht schlecht gestaunt hat der Reklamationsleiter, als er drei Wochen später die gleiche Ware wieder auf dem Tisch liegen hatte, dieses Mal als Reklamation „... leider mussten wir feststellen, daß alle Teile Löcher aufweisen, ... bitten um Gutschrift!" Natürlich erhielt der Kunde die Ware erneut mit einem deutlichen Kommentar „So nicht!" zurück. Das war das Ende der Zusammenarbeit mit einem langjährigen Kunden.

Durch ein kurzes Telefonat hätte die Unzufriedenheit dieses Kunden mit dem gelieferten Artikel leicht festgestellt werden können. Sachbearbeiter müssen auch in solchen Situationen lernen, den wahren Grund zu hinterfragen, ehe sie reagieren.

✅ Prüfen Sie anhand der nachstehenden Checkliste, ob und an welchen Stellen in Ihrem Unternehmen Handlungsbedarf besteht:

	JA	NEIN
Bestandsaufnahme und systematische Auswertung		
Halten Sie fest, wie viele Beanstandungen täglich eingehen?	☐	☐
Erhalten Sie Aufschluss über die Beanstandungsgründe?	☐	☐
Werten Sie Beanstandungsgründe systematisch aus?	☐	☐
Wissen Sie, welche Kunden am häufigsten reklamieren und welche Produke/Dienstleistungen am meisten betroffen sind?	☐	☐
Erhalten Sie über die EDV jederzeit aktuelle Informationen?	☐	☐
Vorbeugende Maßnahmen		
Testen Sie regelmäßig die Kundenzufriedenheit über Befragungen?	☐	☐
Beteiligen Sie Kunden schon bei der Entwicklung und Anwendung neuer Produkte oder Dienstleistungen?	☐	☐
Fordern Sie Ihre Kunden dazu auf, offen über Probleme und Wünsche zu sprechen und nutzen Kunden diese Möglichkeit?	☐	☐
Setzen Ihre Mitarbeiter ihr Wissen gezielt zur Verbesserung ein bei		
– der Bedarfsanalyse beim Kunden,	☐	☐
– den organisatorischen Abläufen,	☐	☐
– den Produkten und Dienstleistungen?	☐	☐
Kundenorientiertes Vorgehen		
Haben Sie klare Richtlinien, wer welche Entscheidungen zu treffen hat?	☐	☐
Haben Sie Zeiträume für die Abwicklung vereinbart?	☐	☐
Weiß Ihre Telefonzentrale, wer wofür zuständig ist?	☐	☐
Erreichen Ihre Kunden beim ersten Anruf einen kompetenten Ansprechpartner oder werden zügig dorthin verbunden?	☐	☐
Entspricht das Verhalten Ihrer Mitarbeiter Ihren Anforderungen an ein erfolgreiches Reklamationsmanagement?	☐	☐
Haben Ihre Mitarbeiter gelernt, kundengerechte		
Briefe zu formulieren?	☐	☐
Reklamations- und Beschwerdegespräche zu führen?	☐	☐
Bedanken sich Ihre Mitarbeiter für Hinweise auf Mängel?	☐	☐
Haben Sie sichergestellt, dass bei verzögerter Bearbeitung der nächsthöhere Vorgesetzte eingeschaltet wird?	☐	☐

Wenn Sie mehr als drei Fragen mit NEIN beantworten müssen, dann besteht dringend Handlungsbedarf.

R

Vorgehensweise bei der Einführung eines Reklamationsmanagements in Ihrem Unternehmen:

1. Die beste Basis für den neuen Weg ist eine Kunden-Befragung *(→ Kunden-Befragungen)*.
2. Treffen Sie eine klare Entscheidung, dass Sie die Reklamationsbearbeitung als Kundenbindungsinstrument nutzen wollen *(→ Unternehmensleitbild, → Ziele)*.

   „Unser Ziel ist es, aus unzufriedenen Kunden Referenzkunden zu machen. Wir setzen alle Kraft daran, eingehende Reklamationen binnen 24 Stunden zu beantworten, binnen zwei Tagen mit dem Kunden eine Lösung vereinbart zu haben und sicherzustellen, dass solche oder ähnliche Vorfälle in Zukunft vermieden werden!"
3. Erläutern Sie Ihren Mitarbeitern die Gründe für diese (neue) Entscheidung.

   Kunden, deren Reklamationen schnell und zufriedenstellend bearbeitet werden, entwickeln sich meist zu Dauerkunden. Keine Werbung bzw. kein Werbeaufwand ersetzt das negative Image, das uns durch gedankenlose Reklamationsbearbeitung angeheftet wird.
4. Zeigen Sie Ihren Mitarbeitern die Chancen, die sich für sie selbst und das Unternehmen bieten, auf *(Kosten-Nutzenanalysen und -rechnungen)*.
5. Gehen Sie als Vorbild voran, wenn es um die Behandlung von schwierigen Fällen geht oder nur darum, ein klingelndes Telefon abzunehmen, das gerade nicht besetzt ist.

   Dann fällt es auch den Mitarbeitern leichter, für den nicht anwesenden Kollegen einzuspringen oder schwierige Gespräche gekonnt zur Kundenzufriedenheit zu führen. Kunden sind keine Störfaktoren, sie sind willkommen!
6. Beteiligen Sie die Mitarbeiter an der Umsetzung im Hause *(→ Team, → Analyse und Umsetzung der Kundenorientierung)*:

   Wie können Reklamationen erfasst und bewertet werden?

   Wer kann am besten welche Schwierigkeitsgrade bearbeiten?

   Nach welchem Zeitraum muss der Kunde eine Lösung auf dem Tisch haben?

   Wie kann dem Kunden bis zur Lösung seiner Reklamation sinnvoll weitergeholfen werden?

   Wie bekommen Ihre Mitarbeiter die interne Kommunikation in den Griff? (Wer informiert wen, mit welchen Sachverhalten? Wie setzen sie Ihre Erfahrungen aus den Reklamationen in neue Entwicklungen und Verhaltensweisen um?)
7. Legen Sie fest, welche Trainingsmaßnahmen erforderlich sind *(Fachtraining im Hause, externe Verhaltensseminare, Beraterunterstützung, → Schulung)*, um Ihre Ziele erfolgreich umzusetzen.
8. Stellen Sie sicher, dass Ihre Kunden stets kompetente Ansprechpartner erreichen können *(Hotline/Fachabteilung/schnelles Vermitteln an Entscheider)*.
9. Klären Sie die Verantwortlichkeiten:

   Wer ist der erste Ansprechpartner, wenn Kunden anrufen?

   Welche Zusagen und Entscheidungen können und sollen die jeweiligen Mitarbeiter treffen können?

   Wann muss der nächsthöhere Vorgesetzte eingeschaltet werden?

10. Erarbeiten Sie Checklisten für das Reklamationsmanagement.
    (Fragenkatalog zur Fehleranalyse/systematische Vorgehensweise der Fehlersuche/Lösungswege, die dem Kunden angeboten werden/Auswahl des kompetenten Servicetechnikers/Tourenplanung). Verbessern Sie diese, indem Sie Ihre Erfahrungen mit einbauen. So wird Ihr Service, Ihre Fehleranalyse, Ihre Lösung immer schneller und perfekter.

11. Lassen Sie bei Kunden nachfragen, ob sie mit der Bearbeitung der Reklamation zufrieden sind.
    Sorgen Sie dafür, dass diese Informationen sinnvoll und schnell genutzt und umgesetzt werden.

12. Ermitteln Sie Gründe für einen eventuellen Wechsel Ihrer Kunden zu anderen Anbietern und fragen Sie sich, woran das wirklich liegen kann und wie Sie solche Kundenabwanderungen zukünftig vermeiden können *(Bessere Kundeninformation/Öffentlichkeitsarbeit/ Werbung).*

13. Führen Sie regelmäßig Feedbackgespräche mit Ihren Mitarbeitern durch, in denen Sie die Erfahrungen austauschen und die zu veranlassenden Schritte verabschieden (nach Einführung neuer Maßnahmen alle drei bis vier Wochen, später nach drei bis sechs Monaten, je nach Branche).

14. Lassen Sie über Befragungen testen, wie sich Ihr Ansehen bei den Kunden durch das neue Verhalten verändert *(→ Kunden-Befragungen).*

15. Überprüfen Sie, wie sich die Kunden-Fluktuation verbessert.

16. Überwachen Sie die Kostenseite *(→ Controlling).*
    (Bewerten Sie dabei aber auch die erzielten Verbesserungen:
    Welche zusätzlichen Merkmale konnten wir verbessern?
    Welchen Wettbewerbsvorteil hat uns das gebracht?
    Welche zusätzlichen Aufträge hat uns das neue Vorgehen gebracht?
    Wie stark konnten wir die Kundenbindung festigen?)

17. Binden Sie Pilotkunden, die stets auf der Suche nach Neuem sind, in die Weiterentwicklung mit ein.
    Laden Sie solche Kunden schon rechtzeitig bei der Planung und Entwicklung neuer Produkte und Dienstleistungen ein. Schaffen Sie Kundenbeiräte, die Mitverantwortung an der Neuentwicklung tragen wollen.

18. Sichern Sie die Produktqualität durch die Einbindung von Kunden, deren Sicherheitsbedürfnisse und -ansprüche besonders hoch sind.
    Lassen Sie solche Kunden zuerst Ihre Produkte in Augenschein nehmen und ausführlich testen. Erstellen Sie einen Anforderungskatalog/Pflichtenheft für notwendige Veränderungen und bewerten Sie diese nach Dringlichkeit und Wichtigkeit. Legen Sie Testmethoden fest, die den Kundenanforderungen gerecht werden.

Empfehlungen

Geeignet für: Unabdingbar für jedes Unternehmen, das langfristig seine Kunden behalten möchte und offen ist für Weiterentwicklungen in Richtung Kundenzufriedenheit und somit Kundenbindung.

Zeitrahmen: Je nach Unternehmensgröße sechs Monate bis zwei Jahre zur Umsetzung als dauerhaftes Kundenbindungsinstrument.

Kosten: Je nach Branche ein halbes bis zwei Prozent vom Umsatz für Reklamations- und Kulanzkosten.

Demgegenüber stehen die Reduzierung von Kundenabwanderungen und somit Reduzierung der Akquisekosten.

Grundregeln: Schaffen Sie Bereitschaft bei den Mitarbeitern.

Schaffen Sie die organisatorischen Voraussetzungen.

Schaffen Sie eine Anlaufstelle/Hotline für den Kunden.

Regeln Sie die Kompetenzen (Wer entscheidet/bearbeitet was?).

Verfolgen Sie Termine und Probleme.

Sichern Sie die Auswertung und führen Veränderungen herbei.

Intensivieren Sie die Kommunikation mit Kunden, Innen- und Außendienst.

Schaffen Sie Entwicklungsteams unter Einbindung von Pilotkunden.

S

Schulungen

Sowohl die Mitarbeiter- als auch die Kunden-Schulung sollten Sie auf alle Fälle in Ihre Maßnahmen zur Kundenbindung mit aufnehmen.
Was nutzen Ihnen die besten Unternehmensphilosophien, Unternehmensleitlinien und Servicerichtlinien, wenn Ihre Mitarbeiter nicht gelernt haben, sie umzusetzen?
Was nutzen die besten Produkte und Dienstleistungen, wenn es an der richtigen Handhabung beim Kunden scheitert?

ⓧ Beispiel

Ein Unternehmen der Feinmesstechnik hatte zwar Top-Produkte, doch bei den Verkäufen hatte die Konkurrenz auf Grund der billigeren Preise immer öfter die Nase vorn. Dabei waren die Produkte in ihrer Genauigkeit unschlagbar.

Abwarten und darauf hoffen, dass die Kunden das eines Tages merken und reumütig zurückkehren, mochte der neue Geschäftsführer nicht mehr. Er ließ eine Schulungsabteilung aufbauen, bei der anfänglich nur die Kunden, später auch Interessenten und Entscheider mit den hochwertigen Produkten vertraut gemacht wurden.

Heute verkauft das Unternehmen mit wachsendem Erfolg die neuen Produkte und verfügt darüber hinaus über eine anerkannte Schulungsabteilung.

Um Ideen, neue Produkte und Technologien auf dem Markt zu etablieren, brauchen Sie Menschen, die diese anwenden, umsetzen und verbreiten können. Der beste Weg dazu führt über Schulungen. Der persönliche Kontakt zum Teilnehmer bietet Ihnen die Möglichkeit, direkt Einfluß auf die erfolgreiche Anwendung und positive Meinungsbildung zu nehmen. Nutzen Sie diese Chance und machen Sie die Kunden-Schulung zu einem erfolgreichen Mittel der Kundenbindung!

Für die Entwicklung von Schulungsmaßnahmen ist es unerheblich, ob wir Schulung[1] in Mitarbeiterschulung, mit den Zweigen Anwender-, Produkt- und Verhaltensschulung, oder Kunden-Schulung unterscheiden. Die konzeptionelle Seite ändert sich dadurch nicht, lediglich die Zielgruppe (Mitarbeiter oder Kunden) ist eine andere und die in der Schulung eingesetzten Mittel (es stehen technische Geräte und deren Anwendung, die Bedienung von Geräten und Maschinen bzw. das Vermitteln von Wissen und Verändern von Verhaltensprozessen im Mittelpunkt) orientieren sich an den individuellen Lernzielen. Die vorgeschlagenen Lösungen sind übergreifend einsetzbar.

Wenn Sie Schulungen mit Mitarbeitern (Trainern) Ihres Hauses durchführen wollen, dann ist auf jeden Fall eine Trainerausbildung empfehlenswert. Solche Ausbildungsgänge können Sie heute auf dem Schulungsmarkt unter „Train the Trainer" finden. Achten Sie besonders darauf, dass der Referent auch wirklich eine professionelle Trainerausbildung genossen hat. Sparen Sie hier nicht am falschen Ende, denn gute Trainer sind nicht zum Discountpreis zu haben. Informieren Sie sich bei den von dem Trainer genannten Referenzen über die Arbeit und die Erfolge der dort durchgeführten Maßnahmen, sprechen Sie mit dem Trainer persönlich über die Erfüllung Ihrer Erwartungen, ehe Sie buchen. Wenn Sie an die Zusammenarbeit mit externen Trainern denken, dann halten Sie sich an die im Anhang② beigefügten Fragen.

> ✅ **Um das Trainingsziel einer Maßnahme zu erreichen, sollten Sie sich bei der Erarbeitung der Inhalte und Lernziele an folgende Vorgehensweise halten:**

1. Schritt:
Machen Sie sich durch Analysegespräche, Arbeitsplatzhospitation, Interviews mit Mitarbeitern und Vorgesetzten, Assessmentcenter, Planspiele und Augenschein vor Ort ein Bild von der zu verändernden Situation. Vergleichen Sie diese mit dem gewünschten Trainingsziel. So erhalten Sie eine Übersicht über die im Training umzusetzenden Schritte, die Sie nach logischen Lernschritten gliedern.

2. Schritt:
Überlegen Sie, welche Methoden Sie für welche Lernziele einsetzen wollen. Es gibt Methoden wie Vortrag, Lehrgespräch, Gruppenarbeit, Lernspiele, Fallstudien, praktische Arbeit, Verhaltenstrainings mit Videokontrolle, um nur einiges zu nennen. Kalkulieren Sie die dafür erforderliche Zeit ein, die Sie für die Umsetzung benötigen.

3. Schritt:
Teilen Sie die Lernziele in sinnvolle Schulungseinheiten auf (Lerneinheiten sollten 1,5 Stunden nicht überschreiten, ein Seminartag sollte vier solcher Lerneinheiten beinhalten, wenn möglich, sollten die Schulungen drei Tage nicht überschreiten, denn alles, was Sie vermittelt haben, muss der Teilnehmer später bei seiner täglichen Arbeit parat haben und umsetzen können. Daher lieber mehrere, aufeinander aufbauende Seminare vorsehen).

4. Schritt:
Stellen Sie sicher, dass der Schulungsteilnehmer auch nach der Maßnahme die Möglichkeit für Rücksprachen bei Problemen in der Umsetzung hat. Sehen Sie hierzu möglicherweise ein Training-on-the-Job (am Arbeitsplatz) oder eine Telefonberatung vor. Wenn dies nicht passiert, dann riskieren Sie, dass zum Beispiel bei Verhaltens- und Persönlichkeitstrainings mehr als 80 Prozent der vermittelten Fähigkeiten im Alltagsstress verloren gehen.

5. Schritt:
Verschaffen auch Sie sich eine Erfolgskontrolle durch Teilnehmerbefragungen am Ende des Seminars und eine zweite Befragung in einem für die Maßnahme sinnvollen Zeitraum, in

dem der Teilnehmer den Erfolg der Maßnahmen ermessen kann. Leiten Sie, wenn erforderlich, notwendige Korrekturen im 2. und 3. Schritt ein und stellen Sie sicher, dass Sie stets auf dem neuesten Stand der Ziele und Lehrmethoden sind.

Gar nicht so lustig finde ich den nachstehenden Fall eines mittelständischen Unternehmens, das wohl am falschen Ende gespart hat und darüber hinaus noch den falschen Personenkreis zur Schulung gesandt hat:

⊗ Beispiel

Dieses Unternehmen hat neue PCs und Software angeschafft. Den Umgang mit der Software sollten die Mitarbeiter dadurch lernen, dass ein Mitarbeiter der Abteilung, man hatte sich für den Vorgesetzten entschieden, ein Seminar besucht und anschließend sein Wissen an seine Mitarbeiter weitergibt.

Bis heute „wurstelt" sich jeder Mitarbeiter nur durch, bei Fragen bekommen sie nur kurze und knappe Antworten, da der Vorgesetzte ständig „Wichtigeres zu tun hat", als Unterweisungen für seine Mitarbeiter durchzuführen. Die von der Geschäftsleitung erhoffte Erleichterung und Verbesserung blieb bisher aus.

Hier wäre es sicher sinnvoller gewesen, einen Mitarbeiter auszuwählen, der auch die Zeit für die erforderlichen Trainingsmaßnahmen seiner Kollegen hat, eventuell sogar für diese Maßnahme freigestellt wird und seine Kollegen am Arbeitsplatz stunden- oder halbtagesweise im Umgang mit der neuen Software ausbildet.

Auch die Mitarbeiter Ihres Unternehmens benötigen für die Umsetzung der Kundenbindung Schulungen, um die gewünschte Verhaltenssicherheit zu erreichen.

⊗ Beispiel

Die Geschäftsleitung eines größeren Verlags weiß seit längerer Zeit, dass die Kunden sich über die Mitarbeiter der telefonischen Anzeigenannahme beschweren.

Man schaute sich in anderen Verlagen um, wie dort das Problem gehandhabt wird, ohne dass eine Lösung überzeugt hätte.

Wer letztendlich auf die Idee kam, das Problem durch das Errichten eines → *Call Centers* zu lösen, ist nicht mehr ganz nachvollziehbar. Auf jeden Fall wurde das neue Call Center technisch optimal ausgebaut und das Personal von der Gesellschaft trainiert, die auch die Telefonanlage geliefert hat.

Die Trainer waren weder Kommunikationstrainer, noch hatten sie sich über den Bedarf der Sachbearbeiter schlau gemacht, sondern einfach ein Standardprogramm durchgezogen.

→

Außer einer einheitlichen Form der Meldung der Mitarbeiter hat dieses Training keine Verbesserung der Kundenzufriedenheit mit sich gebracht. Hinzu kommt, dass sich die Mitarbeiter in den neuen Räumen wie in einer Legebatterie für Hühner vorkamen. Entsprechend niedrig war die Motivation.

Professionelles Vorgehen (durch interne oder externe Trainer) zeichnet sich durch ein klares Vorgehenskonzept aus, das Sie auf Seite 130 unter Schritt 1 bis 5 kennengelernt haben. Wenn Sie die Schulungs-/Trainingsmaßnahme dann auch noch in mehrere Lerneinheiten unterteilen und diese in Lernschritte und Lernziele, dann müsste das Ergebnis etwa so aussehen:

Unterteilung in Lerneinheiten bzw. Lernschritte und -ziele:

1. Zieldefinition
Ziel dieser Trainingsmaßnahme ist es, die nachfolgend genannten Themen praxisgerecht zu vermitteln und die Teilnehmer in die Lage zu versetzen, die neu erlernten Fähigkeiten im beruflichen Alltag gezielt anwenden zu können:

• Steigerung der Effektivität durch Zielvereinbarung
• Optimierung von Selbst- und Zeitmanagement auf das Stellenziel hin
• Weiterentwicklung vom Verkäufer zum Kundenberater

2. Inhalt und Gliederung
• Bedeutung der Ziele für die tägliche Arbeit
• Persönliches und berufliches Zielsystem
• Umsetzung der Ziele durch Maßnahmenplanung in Aktivitäten
• Erfolgssicherung und Erfolgskontrolle
• Bilden von Erfolgsteams für die Sicherung der Zielerreichung

3. Ziel des Lernschrittes
Die Teilnehmer lernen, wie sie aus Zielen Ergebnisse machen. Sie erfahren, wie sie durch Planung der Aktivitäten eine Leistungssteigerung erreichen und welche Schritte für die Umsetzung erforderlich sind. Jeder Teilnehmer erarbeitet seinen persönlichen Erfolgsplan und lernt, wie das Team zur Sicherung der angestrebten Ziele eingebunden werden kann.

4. Einsatz der Lernmethoden
Referat, Gruppenarbeit, Fallstudie etc.

Diese Aufteilung muss für jeden Themenbereich erstellt werden, damit Trainer und Teilnehmer die gewünschten Lernerfolge an den Lernzielen messen können. Bestimmen Sie dann den erforderlichen Zeitbedarf und die geeigneten Lern- und Lehrmethoden.

Und noch ein Tipp: Lernen ist zwar ein sehr ernst zunehmendes Thema, es soll aber auch Spaß machen, denn dann lernt es sich leichter. Viel Erfolg!

①

Kundenschulung:
Die Kunden unseres Unternehmens werden mit der Anwendung, dem Einsatz oder der Verarbeitung unserer Produkte, Maschinen oder Dienstleistungen vertraut gemacht.

Mitarbeiterschulung:
Das ist der Überbegriff für Schulungen unserer Mitarbeiter, also Anwender-, Produkt- und Verhaltensschulungen.

Anwenderschulung:
Die Mitarbeiter meines Unternehmens erlernen die Bedienung und Nutzung technischer Geräte, z.B. PC-Schulungen, Sicherheitstraining mit unterschiedlichen Feuerlöschgeräten.

Produktschulung:
Unsere Mitarbeiter werden im Einsatz und der Anwendung unserer Produkte und Dienstleistungen geschult.

Verhaltensschulung:
Diese Schulung soll die Veränderung von Mitarbeiterverhalten bewirken, z.B. Verbesserung der Kundenorientierung *(→ Außendienst)*.

②

✔ Bei der Auswahl des Trainers/Trainingsinstitutes sollten Sie sich folgende Fragen stellen:

- Informiert er sich ausführlich über die Ausgangslage und die zu erreichenden bzw. erwarteten Ergebnisse?
- Zeigt er ausreichend Flexibilität, um auf Ihre Unternehmensbelange eingehen zu können?
- Zeigt er Ihnen auf, mit welchen didaktischen und methodischen Mitteln er Ihre Ziele im Seminar umsetzen wird?
- Bezieht er in seinen Vorschlag auch Gespräche mit Vorgesetzten und Mitarbeitern ein und diskutiert mit ihnen deren Erwartungen und seine geplante Vorgehensweise?
- Bietet er auch einen Nachbetreuungsservice an, wie Telefonberatung der Teilnehmer, Training-on-the-Job oder Folgeseminare, um Lernziele zu vertiefen?
- Hat der Trainer ausreichend Erfahrung in der Praxis oder trägt er nur angelerntes Wissen vor (Persönlicher Lebenslauf oder Referenzen geben Auskunft)?

S

→

- Werden die Teilnehmer ausreichend trainiert?
  Es muss genügend Zeit für die Wissensvermittlung, die Übung, die Besprechung und das Nachtraining vorhanden sein. Lassen Sie sich das vorrechnen. Wer hier Geld spart, spart am falschen Ende! Leider gibt es in dieser Beziehung zahllose schwarze Schafe, die Ihnen versprechen, das Lernziel auch mit weniger Trainingstagen zu erreichen.
  Deshalb: Auch wenn es Ihnen Geld sparen sollte und Ihre Meinung vielleicht sogar unterstützt, Hände weg von Vorschlägen, die meinen, dass die Mitarbeiter zwar Impulse bekommen sollten, aber man auch erwarten könne, dass sie diese in der Praxis selbstständig umsetzen.
- Erhalten die Teilnehmer Seminarunterlagen zur Nacharbeit (möglichst Beispiel zeigen lassen), die auch mit Beispielen aus dem eigenen Haus angereichert werden können (Wenn budgetmäßig möglich, ist das Unternehmen auch bereit individuelle Unterlagen für Ihr Unternehmen zu erstellen)?
- Vorsicht bei Allround-Künstlern, aber auch Vorsicht bei angeblichen Spezialisten! Gerade bei Verhaltenstrainern ist ein breit angelegtes Können, Wissen und vor allen Dingen eine breite Erfahrung hilfreich.
- Ist der Trainer bzw. das Schulungsunternehmen in der Lage, Ihnen im Verbund mit anderen Trainern ein umfassendes und übergreifendes Unternehmenskonzept für Ihr Vorhaben anzubieten?
- Denken Sie auch darüber nach, was passiert, wenn der Trainer einmal ganz ausfallen sollte, kann dann ein Kollege ohne großen Aufwand Ihrerseits die Maßnahme weiterführen?

Empfehlungen

Geeignet für: Unternehmen, die die Weiterentwicklung aller Mitarbeiter im Hause, sowohl im Bereich Wissen und Können, als auch für das Verhalten gegenüber Kunden und Mitarbeitern fördern möchten.

Zeitrahmen: Jede Schulungsmaßnahme setzt eine Analysephase voraus. Je nach Abteilungsgröße erfordert das zwei und mehr Tage. Die Trainingsmaßnahmen (auf keinen Fall weniger als zwei Tage, bei Verhaltenstrainings pro zehn Mitarbeiter, bei Wissensseminaren ca. 15 Mitarbeiter) sollen durch Training-on-the-Job (spätestens drei bis vier Wochen nach der Schulungsmaßnahme) unterstützt werden. Das kann durch den Vorgesetzten oder einen Trainer geschehen. Pro Mitarbeiter ist hier mindestens ein halber bis ein Tag einzuplanen, bei Führungskräften oder Verkäufern im Außendienst erhöht sich dieser Aufwand auf mindestens drei bis vier Tage.

Kosten: Für die Maßnahmen, die Sie mit eigenen Mitarbeitern durchführen können, entstehen die Personalkosten, mit Ausnahme der Führungskräfte, bei denen die Ausbildung und Förderung der Mitarbeiter Bestandteil Ihres Aufgabenbereichs ist.

Für Analyse und Training von Mitarbeitern sollten Sie bei externer Durchführung ca. 2.700 DM/Tag für die Analyse und Auswertung rechnen und 3.500 DM für Trainings- und Schulungsmaßnahmen.

Grundregeln: Analysieren Sie die Istsituation durch Kundenbeiräte und Externe.

Arbeiten Sie pro Abteilung einen Schulungsplan aus. Trainieren Sie Ihre Mitarbeiter an konkreten Beispielen des Unternehmens.

Sichern Sie die Umsetzung in der Praxis durch Feldbegleitung bzw. Training-on-the-Job.

Beurteilen und bewerten Sie die Mitarbeiterleistung.

Bieten Sie Nachschulungsangebote an.

S

Service

Dienstleistung wird in Deutschland von Verbrauchern sehr schlecht bewertet. Seit Jahren werden die Ergebnisse aufgrund von Befragungen durch namhafte Institute veröffentlicht. Geändert hat sich aber zu wenig und wenn, dann oft zwar gut gemeinte, aber unüberlegt umgesetzte Lösungen, wie im folgenden Beispiel erkennbar ist:

❌ Beispiel

Ein Lebensmittelgroßhändler pries per Rundschreiben seinen Kunden den neuen Frische-Service für Obst und Gemüse an: „Wir rufen Sie zwischen 14.00 und 16.00 Uhr an, Sie nennen uns Ihren Bedarf und am nächsten Morgen liefern wir Ihnen die frische Ware an!"

Zunächst waren alle Kunden angetan von der neuen Dienstleistung. Als man aber bei den Anrufen auch Bestellungen für andere Produkte aufgeben wollte, klang das schon anders „Wenden Sie sich bitte direkt an den zuständigen Sachbearbeiter, wir sind nur für den Frische-Service zuständig." „Stellen sie mich dann bitte gleich durch." „Geht leider nicht, das ist eine andere Rufnummer, versuchen Sie es bitte selbst."
Dort gab es dann die üblichen Wartezeiten, da entweder alle Telefone belegt waren oder niemand den Hörer abnahm.

Schade, die Idee war gut, aber nicht zu Ende gedacht worden und hat bei den Händlern für ziemliche Verärgerung gesorgt. Interessant noch der Kommentar des verantwortlichen Abteilungsleiters: „Denen kann man doch nichts Recht machen!"

Dabei hätte die Idee in Koordination mit anderen Abteilungen zu einem tollen Erfolg werden können.

Wenn Sie aus Kundenunzufriedenheit Kundenzufriedenheit machen wollen, dann gelingt das nur bei einer Lösung „aus einem Guss", das heißt dass eine solche Lösung im gesamten Unternehmen umgesetzt werden muss.

Das gelingt sicher nicht immer für alle Abteilungen gleichzeitig, da vielleicht einige Abteilungen vorher größere Umstellungen bewältigen müssen. In solchen Fällen können Sie die Umsetzung auch in Etappen vornehmen.

❌ Beispiel

In unserem Beispiel könnten Sie ankündigen: „Ab sofort bieten wir Ihnen unseren Anrufservice für den Frischdienst: Wir rufen Sie zwischen 14.00 und ... an. Ab 15.10. haben wir die technischen Voraussetzungen geschaffen, dass Sie auch Ihre anderen Bestellungen mit aufgeben können."

Nutzen Sie für die Erarbeitung solcher bereichsübergreifenden Lösungen die Vorteile der Teamarbeit (→ *Team*). Nutzen Sie die Vorgehensweise, wie ich sie Ihnen bei der → *Analyse und Umsetzung der Kundenorientierung* in Schritt 1 bis 4 beschrieben habe.

> ✓ **Service, oder Kundendienst im weiteren Sinne heißt „Kunden dienen" und dadurch verdienen. Dabei geht es um Folgendes:**
>
> - Freundlichkeit des Personals,
> - schnelle Erreichbarkeit von Ansprechpartnern,
> - schnelle Informationsmöglichkeiten (Telefon, Internet, Fax-Polling, Prospekte, Außendienst, Service),
> - schnelle Hilfe bei Problemen,
> - zügige Abwicklung von Reklamationen,
> - schnelle Lieferfähigkeit,
> - gute fachmännische und freundliche Beratung,
> - Verständnis für die Probleme des Kunden.
>
> Nutzen Sie die → *Kunden-Befragungen,* um Schwachstellen in Ihrem Unternehmen aufzuspüren und die Erwartungen Ihrer Kunden kennenzulernen. Gründen Sie Service-Teams, die die Gründe für die Unzufriedenheit der Kunden aufdecken und Lösungen erarbeiten, aber auch möglichen Problemen vorbeugen sollen.
>
> In zweiter Linie gehen Sie an die Verbesserung von erweiterten Service-Leistungen, wie:
> - Lifetime-Garantie (eines bekannten Automobil-Herstellers)
> - Liefer- und 24-Stunden-Service
> - Installations-Service
> - Just-in-time-Service
> - Telefon-Hotline
> - Internet-Forum
> - Fax-Polling
> - Konditionen

Leben Sie als Führungskraft Service vor, wie ich es Ihnen in zahlreichen anderen Artikeln dieses Buchs *(z.B. Analyse und Umsetzung der Kundenorientierung)* aufgezeigt habe.

Sehen wir uns noch andere Beispiele aus dem täglichen Leben an:

> ✗ **Beispiel**
>
> Bei einer Bank wollte ich einen Berater sprechen, um nach meinem Umzug dort ein Konto zu eröffnen und Daueraufträge einzurichten. Bei der ersten Bank sagte mir eine Mitarbeiterin, dass Herr X dafür zuständig sei, aber bereits heute ausgebucht sei; ich solle es doch morgen nochmals versuchen. Einen Termin konnte sie mir nicht nennen.

Das gibt es nicht, mögen Sie vielleicht sagen, warum nimmt die Dame nicht die Daten auf und veranlasst das Notwendige, damit ein neuer Kunde gewonnen wird? Vielleicht hätte ich auch nur einen Antrag für eine Kontoeröffnung ausfüllen müssen und man hätte die Übertragung meines bisherigen Girokontos zu dieser Geschäftsstelle schon einleiten können? Und mit Sicherheit hätte ich auch schon die Daten für den Dauerauftrag hinterlassen können, damit die notwendigen Schritte veranlasst werden?

Sicher, ich hätte diesen wichtigen Sachbearbeiter nicht gleich sehen und sprechen können, aber wenn es dann soweit gewesen wäre, wäre das Gespräch erheblich schneller verlaufen und der Herr hätte mehr Kunden bewältigen können, wo er doch so ausgelastet ist?

Vielleicht etwas zynisch, mögen Sie sagen, aber berechtigt. Dieses Verhalten zeigt die Gedankenlosigkeit einiger Mitarbeiter auf, wenn es um das Thema „Umgang mit Kunden", „Kundenbindung" und „Kundengewinnung" geht.

Solche Gleichgültigkeit kann und darf sich heute kein Unternehmen mehr erlauben. Spüren Sie in Ihrem Unternehmen solche Servicefallen auf und stellen Sie sie ab! Denn das war kein Einzelfall, wie unser zweites Beispiel zeigt:

⊗ Beispiel

Auch mein Besuch bei der nächsten Bank war nicht sehr erquicklich, denn dort wollte man mir den bisherigen Überziehungsrahmen trotz Sicherheiten erst nach einem halben Jahr (frühestens) einräumen. Erst bei der dritten Bank fanden meine Wünsche Gehör.

Spielen Sie vergleichbare, für Ihr Unternehmen typische Situationen mit Ihren Mitarbeitern durch und trainieren Sie das gewünschte Verhalten, damit Sie sicher sein können, dass Ihre Mitarbeiter richtig reagieren, wenn es darauf ankommt.

Spüren Sie alle Störfaktoren zur Optimierung der Kundenzufriedenheit (z.B. Überlastung der Mitarbeiter, ungeschicktes Verhalten, Know-how-Defizite) auf und stellen Sie diese ab. Erarbeiten Sie Service-Leitlinien mit Ihren Mitarbeitern, die die Qualität der Zusammenarbeit nach innen und außen verbessern.
Ihre Kunden werden es Ihnen durch eine erfolgreiche Zusammenarbeit danken!

All diese Wege und Lösungsansätze gelten im übertragenen Sinne auch für den technischen Kundendienst. Bitte beachten Sie hierzu auch das Thema Außendienst (AD) – auch technischer Außen- oder Kundendienst (TKD).

Weitere Tipps zur Verbesserung des Services finden Sie unter anderen Stichworten → *Analyse und Umsetzung der Kundenorientierung*, → *Aufbau eines Kundenbindungssystems*, → *Bestandskundenpflege*, → *Call Center*, → *Depot einrichten*, → *Direktmarketing*, → *Interne-*

tauftritt, → Kunden-Betreuung, → Kunden-Clubs, → Kunden-Karten, → Kunden-Zeitschriften, → Produktentwicklung, → Qualität, → Reklamationsmanagement, → Schulungen, → Telefon-Aktionen.

Empfehlungen

Geeignet für: Notwendige Voraussetzung für alle Unternehmen, da der Service ein entscheidendes Kriterium bei der Differenzierung von Unternehmensleistungen ist und bereits kurzfristige Erfolge sichern kann.

Zeitrahmen: Sehr langwierig bei der Einführung, da alle Mitarbeiter des Unternehmens mit dieser Denkweise über → *Schulungen* vertraut gemacht werden müssen. Die Umsetzung kann nicht verordnet, sondern nur in Teamarbeit, also durch Einbindung der Mitarbeiter in den Entwicklungsprozess erreicht werden.

Kosten: Hoher Zeit- und Schulungsaufwand für die Mitarbeiter bei der Einführung und Umsetzung. Später kann die Weiterentwicklung durch Serviceteams oder Beiräte kostengünstig weiterverfolgt werden.

Schulungsaufwand: Zwei bis drei Tage Feldanalyse zum Erkennen des derzeitigen Unternehmensstandards und Auswertung der Ergebnisse pro Abteilung und dem damit verbundenen Trainingsbedarf; vier bis sechs Tage Training für alle Mitarbeiter, abgestimmt auf die jeweilige Abteilung sind dringend zu empfehlen.

Grundregeln: Analysieren Sie die Ist-Situation durch Kunden-Befragung und Feldanalyse.
Erarbeiten Sie ein abteilungsbezogenes Servicekonzept.
Binden Sie Ihre Mitarbeiter in die Umsetzung der Servicegedanken im Unternehmen durch Serviceteams mit ein.
Beurteilen Sie die Mitarbeiterleistung durch Beiräte oder Testkontakte.
Honorieren Sie Erfolge.

S

T

Team

 Beispiel

Frau Maier, meine Herren, wie Sie wissen, gibt es häufig Fehler in der Auftragsabwicklung. Ich habe daher über Lösungsmöglichkeiten nachgedacht und entschieden, dass wir von morgen an so verfahren, dass Sie, Herr Müller, die Erfassung der eingehenden Aufträge übernehmen, Sie, Frau Maier, die Auftragsbestätigungen in Abstimmung mit der Produktionsplanung übernehmen und Sie, Herr Kurz, am Telefon für die telefonische Auftrags- und Reklamationsbearbeitung verantwortlich sind.

Vielleicht hat unser Vorgesetzter Recht, vielleicht aber auch nicht. Eines hat er ganz bestimmt nicht erreicht, nämlich die Motivation und Identifikation seiner Mitarbeiter mit der Aufgabe. Dies wäre die Voraussetzung für eine reibungslose und verantwortungsbewusste Arbeit. Wer so verfährt, „zieht" sich Mitarbeiter, die nicht mehr selbstständig denken werden, die nur noch Fälle „abwickeln". Die wirklich engagierten Mitarbeiter werden das Unternehmen verlassen, weil sie unterfordert sind oder keine persönliche Entfaltungs- und Gestaltungsmöglichkeit mehr sehen.

Dass das auch anders geht, zeigt das nachstehende Beispiel:

 Beispiel

In einem Unternehmen sollte ein neues Berichtswesen aufgebaut werden. In gemeinsamen Workshops mit der Geschäftsleitung haben wir die Informationsprobleme, die sich aus Sicht der Unternehmensführung und des Außendienstes ergaben, diskutiert, Lösungen gesucht und Wege ausgearbeitet, wie wir diese am effektivsten umsetzen konnten. Die Ergebnisse haben nicht nur das Berichtswesen effizienter werden lassen, sondern auch die Kommunikation und das Verständnis untereinander deutlich verbessert.

Gerade bei solchen, oft emotional geprägten Themen wie Berichtswesen, ist es unabdinglich, einen aus Teilnehmersicht **neutralen** externen oder internen Moderator zur Seite zu haben, damit gegenläufige Meinungen ausbalanciert und in kritischen Situationen Wege aus den festgefahrenen Meinungen gefunden werden.

Jeder Mitarbeiter sieht die Welt aus einer anderen Sicht, hat andere Ideen und Vorstellungen. Genau das ist es, was das Team so wertvoll macht, das Einbringen eigener Ideen, der Austausch und die Weiterentwicklung von Ideen, das Finden gemeinsamer Vorgehensweisen oder Lösungen.

Das Team ist im Rahmen der Kundenorientierung daher eine wichtige und nicht wegzudenkende Organisationsform, um Probleme anzugehen und Lösungen zu erarbeiten, die von einem Mitglied alleine nicht gelöst werden können oder sollen (z.b. für neue Lösungen benötigt man die Zustimmung und Mitarbeit anderer Fachbereiche; Verbesserung der Zusammenarbeit innerhalb einer Abteilung oder Abbau von Reibungsverlusten zwischen Abteilungen; das Angehen von Lösungen, für das mehrere Spezialisten erforderlich sind; das Analysieren und Optimieren von Produktionsprozessen und Arbeitsabläufen etc.).

Auch wenn eine Lösung im Team immer mehr Zeit in Anspruch nehmen wird und gewisse Nachteile auftreten können (siehe weiter unten), als dies bei einem einzelnen Entscheider der Fall sein wird, bei der späteren Umsetzung zahlt sich dieser Zeitaufwand durch höheres Engagement und Verpflichtung der Teilnehmer beim Umsetzungsprozess wieder aus.

Wenn Sie Teams bei der Suche nach Verbesserungen der Kundenbindung einsetzen, dann sind das Aufgabenbereiche wie Verbesserung der Produkte, der Information und Kundenkommunikation in schriftlicher oder mündlicher Form, der Kunden-Betreuung, der Lieferbereitschaft, der Zusammenarbeit, der Kundenunterstützung, der Schnelligkeit, Zuverlässigkeit und Professionalität der Servicemitarbeiter, der besseren Koordination im Hause, der Ausrichtung der Entwicklungsabteilung auf die Bedürfnisse des Marktes, um nur einige Themen anzusprechen.

Diese Aufgabenstellungen ergeben sich aus positiven und kritischen Äußerungen von Kunden, die man systematisch erfassen sollte, aus Kunden- und Mitarbeiter-Befragungen *(→ Kunden-Befragungen)*, aus der Auswertung von Reklamationen und Beschwerden *(→ Reklamationsmanagement)*, aus Marktanalysen und Zukunftsprognosen, aus Konkurrenzvergleichen und aus Problemen im internen Arbeitsablauf.

Nachteile, die sich bei der Teamarbeit ergeben können:

- Höherer Zeitaufwand durch die Anlaufzeit und Einigung auf eine gemeinsame Vorgehensweise
- Finden eines gemeinsamen Sprachgebrauchs
- Gerangel um Anerkennung
- Verschiedene Vorgehensweisen,
- Positionierung unterschiedlich veranlagter Persönlichkeiten
- Schwerfälligkeit durch einen hohen Teilnehmerkreis
- Terminschwierigkeiten, weil nicht alle Beteiligten an einem bestimmten Tag verfügbar sind
- Schwierigkeit, dass nicht gelingt, unterschiedliche Meinungen unter einen Hut zu bekommen
- Missbrauch des Teams durch einige Taktiker, die nur ihre eigene Lösung durchdrücken wollen, um sich zu profilieren oder aus Eigennutz, weil eine andere Lösung unbequem wäre

✅ Beachten Sie deshalb die folgenden Tipps:

1. Vergeben Sie Aufgaben an das Team!

- Definieren Sie den Auftrag und das → *Ziel*. Was hat dazu geführt, dass wir diese Aufgabe lösen sollen? Welches Ziel soll mit welchen Mitteln und Maßnahmen in einem Zeitbereich von X erreicht werden?

- Geben Sie dem Team die notwendigen Informationen bzw. die Kompetenz, sich diese zu beschaffen bzw. diese beschaffen zu lassen.

- Klären Sie von Anfang an, ob das Team Vorschläge unterbreiten soll, die später mit allen Beteiligten diskutiert und dann verabschiedet werden sollen, oder ob das Team konkrete Veränderungen erarbeiten und deren Umsetzung verantwortlich begleiten soll.

2. Lassen Sie die Aufgaben im Team bewältigen.

- Stellen Sie fest, ob das Team (bzw. deren Mitglieder) über die notwendige Fachkompetenz verfügt. (Notfalls noch einen Spezialisten mit ins „Boot" nehmen.)

- Schaffen Sie Regeln, nach denen vorgegangen wird:

  – Wer soll die Team-Meetings moderieren?
  – Wie soll im Konfliktfall vorgegangen werden?

- Klären Sie die Informationswege. Wer informiert wen und wie?

- Analysieren Sie das Thema genau und definieren Sie die Problem- und Aufgabenstellung.

- Teilen Sie die Aufgabe in Schritte ein und vereinbaren Sie erforderliche Maßnahmen und behalten Sie Zeit und Ziel im Auge.

- Klären Sie, wer was mit wem bis wann macht.

- Verfolgen Sie die termingerechte Umsetzung.

- Bewerten Sie die Ergebnisse im Hinblick auf das Ziel.

- Veranlassen Sie evtl. erforderliche Anpassungen.

Ganz wichtig für die Führung des Teams ist, dass kein Einzelner aus dem Team verantwortlich für das Teamergebnis ist, auch nicht der Teamleiter, sondern das Team als Ganzes, also jedes einzelne Mitglied. Die Klärung dieser Regel ist schon deswegen wichtig, damit die Verantwortung nicht nur einer Person angelastet wird und die anderen sich dahinter verstecken können.

3. Bei festgefahrenen oder Pattsituationen kann es sinnvoll sein,

- Mehrheitsbeschlüsse herbeizuführen, wo dies noch möglich ist und die von allen Teilnehmern zu tragen sind (möglich, aber nicht unbedingt wünschenswert).

- die unterschiedlichen Lösungswege zu akzeptieren, sie am Grad der Zielerfüllung zu messen und zu priorisieren, welchen Lösungsweg man zuerst, welchen als nächstes ausarbeiten wird,

- das Team zu teilen und zwei (oder mehrere) unterschiedliche Lösungswege ausarbeiten zu lassen,

- externe Moderatoren einzubeziehen (auch aus dem eigenen Unternehmen), die neue Wege aus dem Dilemma aufzeigen, oder, und das sollte wirklich nur ein Notnagel sein,

- das Team auflösen und neu zusammensetzen.

Bei der geplanten Umsetzung von Teamergebnissen nutzen Sie wieder den Aktivitätenplan, den Sie unter → *Analyse und Umsetzung der Kundenorientierung* finden.

Empfehlungen

Geeignet für: Alle Entwicklungs- und Umstellungsprozesse, bei denen Mitarbeiter Ihres Unternehmens betroffen sind.

Zeitrahmen: Teams sind zeitlich begrenzte und auf das Erreichen eines bestimmten Ziels ausgerichtete Zusammenschlüsse ausgewählter Mitarbeiter, die bestimmten Ansprüchen genügen müssen.
Daher hängt das zeitliche Engagement von der jeweiligen Aufgabenstellung ab.

Kosten: Für das Team selbst sind lediglich die Personalkosten anzusetzen, wenn die Erfüllung dieser Aufgabe nicht sowieso Bestandteil der Aufgabe des jeweiligen Mitarbeiters ist.

Grundregeln: Die Aufgabe muss im Team sinnvoll lösbar sein.
Stellen Sie klare Aufgaben und Ziele für das Team.
Treffen Sie eine gezielte Auswahl der Teammitglieder, die über das entsprechende Know-how verfügen.
Stellen Sie Regeln auf, die das Team für die Lösung des Problems und die Zusammenarbeit benötigt.
Lassen Sie die Terminplanung einhalten.
Stellen Sie Regeln für die Entscheidungsfindung im Team auf.
Sorgen Sie für einen ständigen Report an den Teamvorgesetzten über Stand der Teamarbeit und die erreichten Ergebnisse.
Präsentieren Sie Ergebnisse (evtl. Begleiten/Durchführen des Umsetzungsprozesses).

Telefon-Aktionen

Das Telefon ist neben anderen Direktmarketing-Instrumenten *(→ Direktmarketing)* ein ideales Mittel der aktiven (wir rufen Kunden an) und passiven (wir werden von Kunden angerufen) Kunden-Betreuung und -Bindung.
Wenn Sie Neukunden gewinnen wollen, wenn Sie darüber nachdenken, wie Sie bei vorhandenen Kunden Umsatzsteigerungen erreichen können, wenn Sie C- oder D-Kunden *(→ Kunden-Klassifizierung)* nur noch per Telefon betreuen möchten, wenn Sie erfahren wollen, wie neue Produkte beim Kunden ankommen, wenn Sie testen wollen, ob Ihre Produkte auch in neuen Vertriebskanälen auf Interesse stoßen, wenn Sie die Tourenplanung Ihres Außendienstes optimieren wollen oder Marktbefragungen durchführen wollen etc. – das Telefon bringt Ihnen in all diesen Fällen entscheidende Vorteile.

Aber erfolgreich zu telefonieren setzt voraus, dass Sie dieses Medium gezielt und gekonnt einsetzen. Die häufig anzutreffende Vorgehensweise:

 Beispiel

Frau Müller: „Hier haben Sie die Lagerliste von Artikeln, die abverkauft werden müssen, rufen Sie doch mal bei unseren Kunden an und sehen Sie zu, dass Sie die Ware loswerden!"

Das reicht heute nicht mehr aus. Erfolgreiches Telefonieren setzt eine gute Vorbereitung und Durchführung der Gespräche voraus.

 Die nachfolgende Checkliste zeigt Ihnen auf, wie Sie eine Telefon-Aktion vorbereiten:

1. Zielgruppe
- Wer soll angesprochen werden?
- Hat die Zielgruppe Besonderheiten, die mir für die Telefon-Aktion nützlich sind? Gibt es Gemeinsamkeiten mit anderen Gruppen, wie grenzt sie sich ab? Gibt es Einkaufsrhythmen und -zeiten, die es zu beachten gilt?
- Liegen Erfahrungen mit der Zielgruppe vor und sind Vorbehalte gegenüber Telefon-Aktionen zu erwarten?
2. Ziele
- Was wollen wir erreichen, welche Fragen gilt es zu stellen?
- Wer ist mein Ansprechpartner? (Name, Titel, Position, Funktion)
3. Vorbereitung
- Welches Mailing wird der Aktion vorgeschaltet?
- Welche Unterlagen benötige ich?
- Ist für das Follow-up im Hause ausreichend gesorgt? Sind Textprogramme für Folgebriefe und -angebote vorhanden?

4. Leitfaden vorbereiten
• Was ist das Ziel meines Gesprächspartners?
• Welche Vorteile/Nutzen hat der Gesprächspartner von meiner Aktion?
• Welche Fakten/Motive sprechen für meine Produkte/Dienstleistungen?
• Welche Beweismittel/Referenzen kann ich nennen?
• Mit welchen Fragen/Einwänden muss ich rechnen?
• Wie kann ich sie beantworten/entkräften?
• Gibt es Informationen, die der Partner nicht erfahren darf?
• Wie komme ich an Informationen, die mir der Partner verschweigt?
• Gibt es Kompromisse oder Zugeständnisse, die ich machen kann?
5. Konkurrenzinformationen
• Wo liegen Stärken und Schwächen von Konkurrenzangeboten?
• Wie argumentiert die Konkurrenz für ihre Produkte/Dienstleistungen und wie gegen uns?
• Betreibt die Konkurrenz schon Telefon-Aktionen und mit welchem Erfolg?
6. Gibt es Möglichkeiten, im Konfliktfall so auszusteigen, dass die Tür nicht ganz zuge-
schlagen wird (keiner sein Gesicht verliert)?
• Test, Muster oder Vertiefungsangebote anbieten?
• Bieten sich Besichtigungen oder Informationsveranstaltungen an?
• Ausstieg zum Wiedereinstieg als letztes Mittel: „Einverstanden, wenn ich mich wieder
melde, wenn ich Ihnen ein neues Angebot unterbreiten kann / eine günstigere Variante
anbieten kann?"

Hier nun die wichtigsten Regeln zur Gesprächsführung:
Schon der erste Eindruck ist für das Gegenüber entscheidend für den weiteren Gesprächsverlauf. Neueste Umfragen haben ergeben, dass dieser erste Eindruck zu 80 Prozent über den Erfolg entscheidet.

1. Die Vorbereitung auf das Gespräch
• Denken Sie konstruktiv, lassen Sie ein idealtypisches Gespräch vor Ihrem geistigen Auge
ablaufen.
• Denken Sie daran, wie Sie freundlich und mit welchen Argumenten Sie auf Fragen und Einwände des Kunden reagieren werden!
• Lächeln Sie vor dem Start, sehen Sie in einen Spiegel, den Sie vor sich stehen haben, um
dann auch später beim Gespräch Ihre Mimik beobachten zu können.
• Auch das Anbringen eines Smilies am Telefon oder auf dem Telefonskript ist hilfreich.
2. Die Meldung
• Sprechen Sie gerade zu Beginn eines Gesprächs langsam und betont und machen Sie mit Ihrer Stimme Stimmung.
• Nach der Meldung Ihres Partners melden Sie sich mit einem Gruß, wenn möglich mit namentlicher Ansprache Ihres Gegenübers.

- Melden Sie sich mit Firmenname, Ihrem Vornamen und Namen (oder „mein Name ist …"), evtl. Abteilung, wenn sinnvoll.
- Bitten Sie darum, dass man Sie mit dem gewünschten Gesprächspartner verbindet.
- Sprechen Sie Ihren Gesprächspartner wieder mit Gruß und Namen an, melden Sie sich nochmals mit Firmenname, Vorname und Name.
3. Der Einstieg in Ihr Verkaufsgespräch
- Beginnen Sie dann mit Ihrem Anliegen: Herr/Frau …
- Für den Gesprächsverlauf orientieren Sie sich am Artikel → *Verkaufsgespräche* und an der auf Seite 144 f. aufgeführten Checkliste.
4. Die Organisation am Arbeitsplatz
- Haben Sie stets alle Unterlagen bereit, die für eine schnelle Beantwortung der Kundenfragen erforderlich sind (Artikelbeschreibungen; Preislisten; das letzte Mailing; technische Daten; Fehlerprotokolle, die mögliche Lösungen aufzeigen u.a.m.).
- Achten Sie darauf, dass Sie stets auf dem neuesten Informationsstand sind und entsprechende → *Schulungen* erhalten.
- Notieren Sie die Informationen bzw. geben Sie diese in Ihren PC ein.
- Beherrschen Sie die Programme, damit Sie schnell an Kunden- und Fachinformationen kommen können.
- Halten Sie Termine fest und sorgen für eine pünktliche Abwicklung der damit verbundenen Aufträge.
- Sorgen Sie für entsprechende Ablageboxen, in die Sie die zur Weiterbearbeitung erforderlichen Unterlagen gezielt einsortieren können (oder entsprechende Software, die Ihnen diese Arbeit abnimmt).
5. Die Vereinbarung und der Gesprächsabschluss
- Bieten Sie einen erneuten Anruf an, wenn Sie im Moment keine Antwort geben können.
- Bedanken Sie sich am Schluss des Gesprächs für die Information, auch wenn es eine Reklamation war („… nochmals Danke, dass Sie uns auf … aufmerksam gemacht haben.")
- Fassen Sie die wichtigsten Punkte, die zu erledigen sind, nochmals zusammen („Herr/Frau … dann verbleiben wir so, ich ….. und Sie erhalten dann …").
- Wünschen Sie Ihrem Gegenüber beim Gesprächsabschluss noch einen erfolgreichen Tag.

Beim passiven Telefonieren reagieren wir auf eingehende Telefonate wie Bestellungen, Anfragen, Reklamationen etc. oder als Mitarbeiter einer Telefon-Hotline. Melden Sie sich bei eingehenden Gesprächen spätestens nach dem dritten Klingeln. Fragen Sie den Anrufer, womit oder wie Sie Ihm weiterhelfen können. Sie nehmen so auch reklamierenden und auf Sturm eingestellten Partnern leichter den Wind aus den Segeln! Nutzen Sie für den Gesprächsverlauf die oben genannten Tipps für das aktive Telefonieren.

Sorgen Sie durch Stichproben dafür, dass die Leistung Ihres Teams auf hohem Niveau bleibt.

✓ Spüren Sie Schwachstellen in Ihrer Telefonkultur auf!

	immer	meistens	oft	selten	nie
Gezielte Vorbereitung auf Gespräche?					
Werden Gesprächsziele festgelegt?					
Freundliche Meldung?					
Ansprache des Partners mit Namen?					
Werden die Belange der Kunden richtig ermittelt, stellen die Mitarbeiter hierzu gezielte Fragen?					
Helfen wir dem Kunden weiter, auch wenn er Probleme mit anderen Stellen des Hauses hat?					
Kann der Gesprächspartner ausreden, ohne unterbrochen zu werden (haben wir Zeit für ihn)?					
Sind wir auch freundlich und zuvorkommend, wenn Kunden reklamieren?					
Sind die Telefonkräfte gut geschult und können sie kompetente Auskünfte erteilen?					

Empfehlungen

Geeignet für: Alle Unternehmen, da das Telefon in der heutigen Zeit das wohl am meisten eingesetzte Kommunikationsmittel geworden ist.

Zeitrahmen: Bei klaren Zielvorgaben kurzfristig.
Mit Konzeption und Schulungsaufwand höchstens drei Monate.

Kosten: Je nachdem ob Sie → *Schulungen* intern oder durch externe Mitarbeiter betreiben, sollten Sie für Ihre Telefonkräfte ein Basistraining von 2 × 2 Tagen vorsehen. Jährliche Ergänzungstrainings über einen Seminartag sollten ebenfalls einkalkuliert werden, bei aktiven Telefonverkäufern sollte vor jeder größeren Aktion eine entsprechende Schulung durchgeführt werden. Tageshonorare für externe Trainer bei Basistrainings ab 2.500 DM für Aufbauseminare ab 3.000 DM

Grundregeln: Erarbeiten Sie sich ein klares Konzept.
Binden Sie die betroffen Mitarbeiter in die Vorbereitung der Schulungsmaßnahmen mit ein.
Starten Sie ein intensives Training, gerade bei Neueinsteigern.
Entwickeln Sie Ihre Mitarbeiter ständig weiter.
Führen Sie Stichproben zur Sicherung des Leistungsstandards durch.

T

U

Unternehmensleitbild

Viele Mitarbeiter meinen, dass Unternehmensleitbilder bzw. -philosophien nur schöne Worte auf Papier sind, aber für die Praxis nichts taugen.

Unter dem Thema → *Ziele* habe ich Ihnen aufgezeigt, wie Sie aus schönen Worten Ziele und Maßnahmen ableiten können.

Unter dem Thema → *Wettbewerbe* habe ich Ihnen aufgezeigt, wie Sie die Zielerreichung noch weiter unterstützen können.

Hier zeige ich Ihnen im ersten Schritt einige Beispiele für Unternehmensphilosophien auf:

 Beispiel

Wir wollen für den Umgang miteinander und nach außen, dass unser Unternehmen nach einer den neuen Zeitbedürfnissen entsprechenden Unternehmensphilosophie arbeitet. Deswegen stehen in unserem Unternehmen die Zufriedenheit von Kunden und Mitarbeitern an erster Stelle unseres Denkens und Handelns.

Wir sind ein Unternehmen, das weltweit Produkte entwickelt, produziert und verbreitet, die die menschliche Gesundheit unterstützen und schützen. Dabei verfolgen wir drei Grundsätze:

1. Weltweite Marktführerschaft
2. Hohe Kundenzufriedenheit durch aktive Kundenbindungsmaßnahmen
3. Verpflichtung gegenüber unseren Mitarbeitern

Die weitere Konkretisierung und Umsetzung in Maßnahmen sollten Sie auf jeden Fall durch Mitarbeiterteams vornehmen lassen *(→ Team).*

✓ Nachfolgend sind Faktoren genannt, die Sie bei der Formulierung Ihrer Unternehmensphilosophie im Auge behalten müssen:

- Das Unternehmensumfeld mit Inhabern und Eigentümern, mit Geschäftspartnern, wie Lieferanten, Kunden, aber auch Konkurrenten mit ihrem sozialen und politischen Umfeld, Staat, Gemeinde, Behörden Verbände, EU und oder den Weltmarkt.
- Die Unternehmensphilosophie soll die Verhaltensmaximen Ihres Unternehmens für die Unternehmensleitung, die Führungskräfte und Mitarbeiter innerhalb des Unternehmensumfeldes definieren.
- Ziele und Mittel einerseits (Rentabilität, Marktanteil, Umsatz, Produktion, Arbeitsplätze), Richtlinien für die jeweiligen Abteilungen andererseits sollen die Mitarbeiter bei der Umsetzung in ihrem täglichen Aufgabenbereich zur Einhaltung und Umsetzung verpflichten.

Empfehlungen

Geeignet für: Alle Unternehmen, die ihren Mitarbeitern Werte vermitteln wollen, die Leitbild für das Handeln nach innen und außen sind.

Zeitrahmen: Kein zusätzlicher Zeitrahmen.
Unternehmensleitbild und -philosophie sind in einem gut geführten Unternehmen eine Selbstverständlichkeit.

Kosten: Keine.

Grundregeln: Beachten Sie das soziale und politische Umfeld.
Schaffen Sie Verhaltensmaxime für alle Mitarbeiter von der obersten bis zur untersten Ebene.
Sorgen Sie dafür, dass Ihre Mitarbeiter das Leitbild verinnerlichen durch Umsetzung auf das Verhalten am eigenen Arbeitsplatz.

V

Verkaufsgespräche

Wenn Sie Ihre Kunden langfristig an Ihr Unternehmen binden möchten, setzt das beim Verkaufsgespräch voraus, dass Sie die Techniken eines kundenorientierten Verkaufsgesprächs anwenden können. Die Grundlage für erfolgreiche Gesprächsführung ist dabei immer die Beachtung der Kommunikationsregeln.

Bei jeder Kommunikation gibt es zwei Ebenen, die Verstands-Ebene (rational) und die Beziehungs-Ebene (emotional). Zur ersten gehört alles, was logisch, rational nachvollziehbar ist, die Daten und Fakten, die sachliche Argumentation. Die zweite Ebene ist die Beziehungs- Ebene, sie betrifft das Emotionale, wie Sympathie, Antipathie, die gemeinsame Wellenlänge. Die Daten können noch so passen, die Schlussfolgerungen absolut logisch sein, wenn die Beziehungs-Ebene nicht stimmt, entscheidet der „Bauch".

Sie haben Ihrem Kunden aufgezeigt, welchen Nutzen und welche Vorteile er aus der Geschäftsbeziehung mit Ihnen zieht. Trotzdem will der Kunde sich das noch überlegen. Fazit: Das „Feeling" passt noch nicht. Im Zweifelsfall entscheidet der Bauch und der ist sich noch unsicher.
Das „gute Gefühl" muss bereits beim ersten Kontakt geweckt werden und während des Gesprächs immer wieder bestätigt werden (Kundenbindung heißt eine Verbindung aufzubauen und diese Verbindung ist gefühlsmäßig). Deshalb muss man die verschiedenen Phasen eines Gesprächs kennen und die dazu passenden Verhaltensweisen einsetzen.

Die Gesprächsphasen (nach AEZ-Verkaufssystem)*

E =   Eröffnungsphase
  • Gruß und Vorstellung
  • Gesprächsaufhänger, Small Talk

I =   Informationsphase
  • Einsatz der Fragetechnik
  • Zuhören (aktiv)

N =   Nutzen-Argumentation
  • Präsentation
  • Techniken der Nutzen-Argumentation

---

* Verkaufssystem der AEZ-Seminare & Consulting, Kreiensen

I = Interventions- und Einwandphase
  • Einwand/Vorwand
  • Hinterfragen

G = Gesprächsabschluss
  • Abschlusssignale erkennen und setzen
  • Vereinbarung treffen
  • Empfehlungen holen
  • Bestätigung, Verstärkung
  • Dank

Die **Eröffnungsphase** ist der erste kritische Punkt beim Gespräch. Hier muss es von vornherein gelingen, Interesse beim Gesprächspartner zu wecken. Nur wenn das gelungen ist, haben Sie eine Chance, in das eigentliche Verkaufsgespräch einzusteigen. Den Kunden interessiert nur sein Vorteil, sein Nutzen, nicht Ihre Interessen!

In der **Informationsphase** ist es entscheidend, die richtigen Fragen zu stellen, aktiv zuzuhören, sich Notizen zu machen, auf die Sie später wieder Bezug nehmen können. Für Sie ist es in dieser Phase außerordentlich wichtig, die Anforderungen und Motive Ihrer Gesprächspartner möglichst genau zu ermitteln. Nur wenn Sie diese genau (auf Ihr Angebot bezogen) kennen, können Sie mit Erfolg in die nächste Phase überleiten.

Bei der **Nutzen-Argumentation** heißt es, die in der vorhergehenden Phase gesammelten Informationen zu nutzen. Sie formulieren aus den Problemen und Motiven Ihres Kunden Vorteilsargumente und präsentieren Ihr Angebot als die dazu passende Lösung. Ihr Produkt bzw. Ihre Dienstleistung erfüllt die Anforderungen des Kunden und Sie bewirken dadurch ein „Aha-Erlebnis".

In der **Interventions- und Einwandphase** wird der Gesprächspartner sehr aktiv. Diese Phase ist der zweite kritische Punkt in Ihrem Verkaufsgespräch. In den seltensten Fällen wird der Kunde sofort nach Ihrer Präsentation abschließen. Eher stellt er Fragen und bringt seine Einwände. Häufig ist hier das „Zu-Teuer" das Thema.

Bei der **Gesprächsabschluss-Phase** geht es darum, zu einem Abschluss, möglichst zum Vertragsabschluss zu kommen. Wichtig ist jetzt, genau hinzuhören, die Kaufsignale zu erkennen und zu nutzen, denn sonst bringen Sie den Abschluss in Gefahr („Den Sack rechtzeitig zumachen"). Der größte Fehler wäre, jetzt noch weitere Alternativen ins Spiel zu bringen, Sie verderben sich sonst den verdienten Erfolg.

Auch wenn es mit dem Abschluss nicht klappt, ist ein guter „Abgang" wichtig. Sie lassen sich die Tür offen für ein nächstes Gespräch.

✓ Tipps, mit denen Sie Ihre Argumentation noch verbessern können

Bei jeder Frage, die Sie mit NEIN beantworten, sollten Sie nach Möglichkeiten suchen, Ihren persönlichen Stil zu verbessern!

	JA	NEIN
1. Lesen Sie alle Unterlagen, die Sie von Ihrer Firma erhalten? Verwenden Sie dieses Material in Ihrer Arbeit?	☐	☐
2. Legen Sie die Pläne über Ihre Ziele schriftlich nieder? Und überprüfen Sie Ihre Zielerreichung?	☐	☐
3. Bitten Sie Kollegen und Vorgesetzte um tätige Hilfe und konstruktive Kritik?	☐	☐
4. Lesen Sie alle Fachzeitschriften aus Ihrer Branche, um sich auf dem Laufenden zu halten?	☐	☐
5. Analysieren Sie entgangene Aufträge, um eventuelle Fehler in Zukunft zu vermeiden?	☐	☐
6. Gehen Sie mit vorbereiteten Fragen in Verkaufsgespräche?	☐	☐
7. Hören Sie aktiv zu, stellen Sie Fragen, beantworten Sie Kundenfragen und machen Sie schriftliche Notizen?	☐	☐
8. Üben Sie Ihre Verkaufspräsentationen mit lauter Stimme?	☐	☐
9. Schreiben Sie sich jeden Einwand auf, dem Sie begegnen und wappnen Sie sich mit guten Gegenargumenten?	☐	☐
10. Notieren Sie sich wichtige Einzelheiten Ihrer Aufträge, um Gemeinsamkeiten herauszubekommen, die Ihnen im nächsten Gespräch helfen können?	☐	☐
11. Haben Sie eine eigene, persönliche Checkliste, die Sie nach jedem Besuch durchsehen?	☐	☐
12. Wenden Sie sich manchmal an einen Freund oder Ihren Kunden, um Ihre Verkaufstechniken freimütig kritisieren und analysieren zu lassen?	☐	☐

Empfehlungen

Geeignet für: Jeder Mitarbeiter mit Kundenkontakt.

Zeitrahmen: Für ein Gespräch sollten Sie sich zwischen 30 Minuten und zwei Stunden einplanen.

Kosten: Personalkosten für die Mitarbeiter und Fahrtkosten.

Grundregeln: Wichtig ist eine gute Beziehung aufzubauen. Wenn es „Schwierigkeiten" gibt, es nicht so recht vorwärtsgeht, ist oft ein Hemmnis auf der Beziehungsebene da. Das muss geklärt werden.

W

Werbegeschenke

„Kleine Geschenke sollen ja bekanntlich die Freundschaft erhalten." Und auch für die Kundenbindung hat das Schenken einen hohen Stellenwert.

Bei der Auswahl von Geschenken ist es auch gar nicht von der Hand zu weisen, sich in die zahllosen Werbemittelkataloge zu vertiefen, um dann seinen Kunden bei der Auslieferung von Bestellungen ein kleines Tütchen Gummibären beizulegen, wie der Buchclub seinen Kunden einen Kugelschreiber beilegt oder ein anderes Unternehmen keine Weihnachtsgeschenke, sondern schon zum Nikolaus ein Präsent verschickt.

Beim Schenken ist eines entscheidend, dass Sie dem Empfänger eine unerwartete Freude bereiten. Natürlich wäre es am besten, wenn Sie genau wissen, worauf Ihr Partner Wert legt, welche Hobbys er hat, ob er Kinder oder einen Lebenspartner hat, denen Sie eine Freude machen können.

Die persönlichen Wünsche zu erfahren gelingt nicht bei allen Kunden und wenn Sie eine größere Anzahl von Kunden zu betreuen haben, ist ein individuelles Schenken meist nur bei den A-Kunden umsetzbar.

Überlegen Sie sich daher bei jedem Geschenk, wofür Sie es einsetzen wollen und ob Sie damit auch ins Schwarze treffen können. Wählen Sie dabei nur Dinge aus, mit denen Sie einen Kundenbindungs-Effekt erzielen können. Dabei kommt es weniger auf die Kosten, sondern eher auf die Überraschung an, die das Geschenk – nicht nur für Ihren Kunden – sein soll.

Wenn Ihr Geschenk dann noch einen unmittelbaren Bezug zu Ihrem Unternehmen hat (Maskottchen der Firma, Schriftzug auf LKW-Modell u.a.), haben Sie Ihr Ziel erreicht.

Lassen Sie sich durch die nachfolgenden Beispiele inspirieren, auch für Ihren Zweck das passende Geschenk zu finden:

✖ Beispiele

Ein Versicherungsunternehmen lässt seinen Kunden mit Handy zum Geburtstag eine SMS-Nachricht (Textnachricht, die auf dem Telefondisplay erscheint) zukommen.

Im Regionalfernsehen sah ich einen Beitrag, dass ein Kurort in Bayern allen Gästen, die zehnmal dort waren, eine Sitzbank an deren Lieblingsort aufstellen lassen, mit Namensgravur in der Bank.

→

Meine Werbeagentur hatte mich zur Präsentation der Cannes-Rolle (die weltweit besten und prämierten Werbefilme) eingeladen. Vor Beginn der Vorstellung wurde ein Schnappschuss mit dem Geschäftsführer gemacht, das Foto wurde mir beim Verlassen des Kinos als nettes Geschenk überreicht.

Nicht vergessen werden sollte der Blumenstrauß oder -stock, den Sie zu den geeigneten Anlässen zustellen lassen (Neueröffnung, Umzug, Geburtstag, Installation der neu angeschafften Maschine, Beginn der Zusammenarbeit u.v.m.)

Hinzu kommen Kundenmotivationsprogramme:
Abendveranstaltungen nach Messen oder anderen Veranstaltungen, die Eintrittskarten zum Fußballspiel, zum Open Air Festival, Einladung in Toprestaurant zum Geburtstag oder Jubiläum oder ganz einfach eine Postkarte aus dem Land der Mode versenden, mit der Sie Ihre Kunden auf die neue Kollektion aufmerksam machen, Gewinnspiel einmal anders veranstalten, bei dem die Interessenten ihre Teilnahmekarten per Faxabruf erhalten. Dafür gibt es drei Varianten:
1. Fax-Polling
   Beim Fax-Polling wählt der Abrufer eine Telefonnummer, unter der Sie das Gewinnspiel veranstalten, und kann dann mit der Abruf- bzw. Pollingtaste seines Fax-Gerätes die Unterlagen anfordern. Der Vorteil liegt darin, dass der Abrufer keine zeitintensiven Sprachdialoge durchwandern muss, sondern er bekommt sein Fax umgehend zugesandt.
2. Direkt-Abruf
   Von der Informationszuführung ist der Direkt-Abruf mit dem Fax-Polling gleichzusetzen. Der Abrufer muss hier allerdings keine Umstellung seines Faxgeräts vornehmen. Er wählt die Abrufnummer und drückt danach die Starttaste am Faxgerät.
3. Fax-on-Demand
   Bei dieser Variante wählt man eine Telefonnummer und gelangt dann in ein Sprachmenü, in dem man eine Auswahl unter verschiedenen Dokumenten treffen kann.

Gleichgültig, wie Sie motivieren oder was Sie schenken, vergessen Sie darüber hinaus auf keinen Fall das beste „Geschenk": Die gute Leistung Ihres Unternehmens (→ *Leistungserbringung).*

Empfehlungen

Geeignet für: Ausnahmslos alle Unternehmen.
Zeitrahmen: Kurzfristig einsetzbar, bei Geschenken zu besonderen Anlässen, sollte man
                aber rechtzeitig vorher planen, damit auch alles klappt.
Kosten: Können Sie nach Ihrem individuellen Geldbeutel gestalten.
Grundregeln: Leistung geht vor Schenken.

Wettbewerbe

Um die gesteckten Ziele zu erreichen, kann ein sportlicher Wettbewerb zwischen Abteilungen und Mitarbeitern ausgearbeitet werden, der die Maßnahmen zur Zielerreichung unterstützt. Wettbewerbe sind immer dann sinnvoll, wenn Sie die Leistung steigern und den fairen Wettkampf fördern wollen. Zuerst legen Sie den gesamten „Prämientopf" in seiner Höhe fest. Die Höhe errechnen Sie aus den kalkulierten Mehrerlösen und den sich daraus ergebenden Gewinnsteigerungen oder der Einsparung an Personalkosten bei Zielerreichung.

Um auch die Motivation derer zu erhalten, die das Ziel nicht erreichen, sollten Sie die Prämie in 70 Prozent Individualprämie und 30 Prozent Gruppenprämie einteilen. Jeder betroffene Mitarbeiter hat schließlich zu dem Ergebnis beigetragen, auch wenn er selbst unter seinem Ergebnis liegt, die Gruppe aber insgesamt das Ergebnis erreicht hat.

Beim Thema Kundenbindung kann z.B. die Verbesserung von Beantwortungszeiten, die Optimierung der Fahrzeiten für den technischen Außendienst, die Erhöhung der Abschlussquoten für die Angebotsverfolgung, die Verkaufssteigerung von Zubehör oder bezahltem Support für die Techniker ein Anlass für den Wettbewerb sein.

Kennzeichnend für den Wettbewerb ist, dass alle Beteiligten an einem bestimmten Ziel (→ *Ziele)* gemessen werden, das zu X Prozent erreicht werden muss.

⊗ Beispiel für den technischen Außendienst

Bisher waren 35 Prozent der Arbeitszeit Fahrzeiten. Nur 65 Prozent der Arbeitszeit verbrachten die Techniker bei den Kunden. Das kostet einerseits Geld, auf der anderen Seite – und das ist hier viel wichtiger – können weniger Kunden betreut werden.

Mit Ihrem Techniker-Team vereinbaren Sie Mittel und Wege, mit denen die Fahrzeiten auf 27 Prozent gesenkt werden sollen. Das kann die Erhöhung der Abschlüsse für Serviceaufträge sein, durch die Kunden gezielter in die Tourenplanung einzubinden sind, das kann das regelmäßige Telefonat mit dem Unternehmen sein, ehe man zum nächsten Unternehmen fährt, insbesondere dann, wenn längere Fahrstrecken angesagt sind, das kann auch einmal das Verlegen eines Termins sein, wenn sich in der Nähe ein Einsatz ergibt (eine Analyse der bisherigen Tourenpläne kann hier Auskunft geben).

Ziel des Wettbewerbs ist es, dass jeder Techniker die 27 Prozent erreicht. Wer das Ziel verfehlt, erhält auch keine Einzelprämie. Wer es erreicht oder gar überschreitet, erhält eine vorher festgelegte Individualprämie. Wenn die Abteilung das Ergebnis schafft (also alle Techniker zusammen erreichen im Durchschnitt 27 Prozent), dann erhalten alle beteiligten Techniker einen Prämienanteil des Gesamtkuchens, der für die Gruppenprämie ca. ein Drittel des gesamten Prämientopfes ausmachen sollte.

Um den Wettbewerb in Gang zu halten, sollen alle Beteiligten in regelmäßigen Abständen über den Erfolg ihrer Aktivitäten informiert werden. Achten Sie bei der Wettbewerbsausschreibung darauf, dass er nicht zwangsläufig dazu führt, dass andere Faktoren dabei auf der Strecke bleiben. Dieser ganze Wettbewerb bringt nichts, wenn die Techniker meinen, die Zeiten durch schnelleres Fahren und Erhöhen des Unfallrisikos zu erreichen.

Um Wettbewerbe gerecht zu gestalten, achten Sie hier z.b. auf regionale Unterschiede. So hat ein Techniker in Nordrhein-Westfalen seine Kunden viel dichter beieinander als einer in Schleswig-Holstein. Achten Sie also auf Gerechtigkeit bei der Ausschreibung.

Und noch ein Punkt ist wichtig: Auch der Innendienst hat einen großen Anteil am Erfolg einer Aktion. Binden Sie auch ihn „gerecht" in Wettbewerbe ein oder schreiben Sie gesonderte Wettbewerbe für den Innendienst aus.

Empfehlungen

Geeignet für: Alle Unternehmen.

Zeitrahmen: Kurzfristig umsetzbar, wenn sowohl Ziele und Regeln als auch Nebenbedingungen festgelegt sind.

Kosten: Wettbewerbe sollen sich aus ihrer ertragssteigernden Wirkung selbst finanzieren (also Mehrerlöse im Verkauf, Einsparungen bei Prozessen des Arbeitsablaufs).

Grundregeln: Legen Sie die Wettbewerbsbedingungen fest.
Legen Sie die Ziele und Nebenbedingungen fest (das Erreichen eines Ziels darf kein anderes Ziel behindern, also die Neukundengewinnung darf nicht dazu führen, dass bestehende Kunden nicht mehr richtig betreut werden!).
Errechnen Sie die Prämienhöhe, die sich aus den Mehrerlösen finanziert.
Honorieren Sie sowohl Individual- als auch Gruppenerfolge.
Gestalten Sie die Dauer des Wettbewerbs überschaubar und führen Sie bei längerfristig laufenden Wettbewerben Etappenziele ein.
Veröffentlichen Sie ständig den Stand der Wettbewerbe. Ehren Sie die Sieger, aber auch alle Beteiligten.

Z

Ziele

Ein schlauer Mensch hat einmal gesagt:

> „Wer nicht weiß, wohin er will,
> braucht sich nicht zu wundern,
> wenn er ganz woanders ankommt."

Wer keine klaren Ziele hat, wird Aktivitäten und Entscheidungen intuitiv und situativ treffen. Er entzieht sich der Frage, ob diese Entscheidungen dem Gesamtziel dienlich waren und nimmt sich die Chance, festzustellen, ob die Maßnahmen geeignet waren, um die gewünschten Erfolge zu erzielen.

Die Kontrolle der Zielerreichung ist bei quantitativen, also mengenmäßigen Zielen leicht nachzuvollziehen; bei qualitativen Zielen hingegen, wie hohe Kundenzufriedenheit, ist sie schon weit schwieriger.

Aber beginnen wir zuerst bei den Unternehmenszielen:

Jede Unternehmensführung überlegt sich, wie sie ihr Unternehmen in den kommenden Jahren auf Kurs bringen kann. Sie wird Marktanteile erhöhen, Qualitäten verbessern oder die Intensität der Kundenbindung steigern wollen. Um diese wohlüberlegten Ziele zu erreichen gilt es, sich von Konkurrenten abzusetzen, neu aufkommende Anforderungen der Kunden oder neue Entwicklung in Technik und Wissenschaft zu berücksichtigen.
Aus dieser Kenntnis heraus und mit dem Wissen um Marktprognosen werden die Unternehmensziele erarbeitet. Sie sind global formuliert und können durchaus lauten: „Erhöhung der Umsätze um X Prozent durch Steigerung der Kundenbindung, Verbesserung der Produktqualität und des Serviceangebots." Damit sind ein Mengenziel und drei qualitative Ziele definiert. Leicht messbar ist das Mengenziel, Schwierigkeiten machen da schon eher die qualitativen Ziele.

Da sich nur durch die Analyse der Maßnahmen zur Zielerreichung und gegebenenfalls der Abweichungen vom Ziel feststellen lässt, wo Korrekturen angebracht sind, müssen Maßgrößen für diese Ziele erarbeitet werden. Diese dürfen nicht nur zum Ende einer Periode (also üblicherweise des Geschäftsjahrs) kontrolliert werden, sondern müssen ständig durch Stichproben überwacht werden. Nur so können rechtzeitig Korrekturen angebracht werden, mit deren Hilfe die Ziele doch noch erreicht werden können.

Z

**Das funktioniert aber nur, wenn die nächsten Ebenen gelernt haben, aus diesen Global-
zielen Abteilungsziele und Mitarbeiterziele zu formulieren.**

 Beispiel

Von Vorgesetzten und Mitarbeitern höre ich immer wieder: „Wir haben keine klaren Zielvorgaben, die Unternehmensziele sind zu abstrakt. Eine Zielsetzung ‚Kundenbindung' können wir nicht fassen."

Daher gehe ich hier auf Wege und Lösungen ein, mit denen Sie Unternehmensphilosophien in
Ziele bzw. Maßnahmen zur Zielerreichung umwandeln lernen.

Nehmen wir an, unser Unternehmen hat eine „hohe Kundenbindung". Dann ist es wichtig zu
erkennen, welche Faktoren diese bewirken können.

 Checkliste

In der folgenden Tabelle habe ich Ihnen hierzu Fragen notiert, die die Suche nach Faktoren
der Kundenbindung in den einzelnen Abteilungen erleichtern:

1. Für den Vertrieb stellt sich die Frage:
• Warum verlieren wir Kunden?
• Wie hätten wir diese besser betreuen/binden können?

2. Für die Buchhaltung stellt sich die Frage:
• Wie bringe ich einen Kunden, der nicht bezahlt hat, dazu, Zahlungen vorzunehmen,
  ohne verärgert zu sein?

3. Für die Entwicklung stellt sich die Frage:
• Wie kann ich Produkte so entwickeln, dass der Kunde begeistert ist, sie bezahlen kann,
  sie ihm Nutzen bringen und er kauft?

4. Für die Produktion stellt sich die Frage:
• Wie kann ich kostengünstig und qualitativ hochwertig produzieren, so dass es keine Qua-
  litätseinschränkungen gibt, Liefertermine eingehalten und Beanstandungen vermieden
  werden?

5. Für den technischen Außendienst stellt sich die Frage:
• Wie kann ich bei Problemen so schnell eine Lösung finden, dass die Ausfallzeit für den
  Kunden minimiert wird und weitere Ausfälle vermieden werden?

Sicher fallen Ihnen für Ihr Unternehmen noch weitere, eventuell ergänzende oder neue Fragen
ein.

⊗ Beispiel

Nehmen wir jetzt als Beispiel den Vertrieb. Zu überprüfen sind jetzt alle Faktoren, die Einfluss darauf hatten, dass Kunden abgesprungen sind und alle Faktoren, die Kunden dazu bewegen, weiterhin bei uns zu kaufen. Aus diesen Faktoren ergeben sich Anforderungen, für die wir Richtwerte – also eine Messlatte – festlegen müssen, die es zu erreichen gilt.

Nehmen wir an, Sie haben festgestellt, dass Kunden abspringen, weil die Beantwortung von Anfragen im Durchschnitt zehn Tage dauerte und die Fehlerquote der Sachbearbeiter bei fünf Prozent lag. Dann gilt es jetzt einen Messwert zu definieren, der die gesteckten Ziele erreichbar werden lässt, z.B.:

> Beantwortung von Anfragen innerhalb von drei Tagen
> Fehlerquote kleiner als ein Prozent

Diese Ziele sollen innerhalb von zwei Jahren erreicht sein. Davon 70 Prozent im ersten, der Rest im zweiten Jahr. Die Mitarbeiter erarbeiteten dann im Team Wege, wie sie diese Ziele erreichen wollen.

Für die Umsetzung nutzen Sie einen Aktivitätenplan, wie er bereits unter → *Analyse und Umsetzung der Kundenorientierung* dargestellt ist.

Das ist der erforderliche Weg, um aus Unternehmensphilosophien Abteilungs- oder Mitarbeiter-Ziele zu formulieren.

✔ Hier die Schritte nochmals im Einzelnen:

1. Definieren Sie die Unternehmensphilosophie als Richtschnur.
   – Kundenbindung
2. Legen Sie fest, welche Faktoren diese Unternehmensphilosophie in der Abteilung und beim einzelnen Mitarbeiter beeinflussen.
   – Antwortzeiten, Fehlerquoten
3. Fixieren Sie – möglichst im Team – eine Richtschnur.
   – Antwortzeit drei Tage, Fehlerquote kleiner als ein Prozent
4. Legen Sie den Zeitraum und die Quoten fest.
   – zwei Jahre; 1. Jahr 70 Prozent, 2. Jahr 30 Prozent
5. Bilden Sie Teams, die Mittel und Wege zur Lösung erarbeiten und kontrollieren.
6. Bauen Sie ein Prämiensystem auf, das die entsprechenden Erfolge honoriert.

Z

Empfehlungen

Geeignet für: Alle Unternehmen.
Zeitrahmen: Kurzfristig umsetzbar.
Kosten: Keine.
Grundregeln: Definieren Sie die Unternehmensphilosophie als Richtschnur.
                Binden Sie die Kundenerwartungen mit ein.
                Brechen Sie diese auf Abteilungen und Mitarbeiter herunter.
                Vereinbaren Sie Maßnahmen zur Zielerreichung.
                Fixieren Sie den Zeitraum, in dem das Ziel zu erreichen ist.
                Honorieren Sie die Zielerreichung.